教师与教育
——教师是一门专业

宁吉海 著

吉林文史出版社

作者简介：

宁吉海，现任职于山东省平度师范学校，青岛市中小学教师培训中心。北京师范大学化学系化学教育专业毕业，东北师范大学教育学原理专业教师教育方向研究生毕业，获教育学硕士学位。历任教师、教务主任、教研员、中学校长、乡村第一书记等职，中国化学学会会员，山东省优秀教育工会工作者。主要从事基础教育、师范教育、教育科研和教育发展规划研究、乡村振兴工作。多年以来，分别在《山东省招生考试报》《中学化学杂志》《教学研究》《教育探索》《德育报》《中国教育报》《平度日报》《青岛日报》等发表学术论文四十余篇，《专科学历师范生素质培养问题研究》获东北师大优秀硕士论文奖，主持完成省、市教育科学研究规划课题两项。

序

　　呈现在读者面前的这本《教师与教育》一书，是吉海同志自2004年在读教育学原理研究生的基础上，将其积累的教学和科研成果进行提炼、梳理，撰写集成的一部力作。作为他的导师和同行，对他的寒窗之苦自然深有体认，同时也对他治学有志有成感到欣慰。

　　教育是古今中外人人会遇到的极为平常的社会现象，可是要认真地问：干教育、做一名教师究竟需要哪些基本素养？教育究竟是什么？虽然都可能说些看法，但未必都能够说个明白。

　　对教育、教师以及教育学的研究已有几百年、几千年的历史了，古往今来业已取得进步性的成就，各个时期的大师、名家更是层出不穷，不胜枚举。但是，对于"教育"稍加考量不难发现，在经历一段过程之后，它总会表现出不同程度的发展瓶颈与突破难度是教育者的怠惰和笨拙造成的吗？回答当然是否定的。那么，究竟是何原因呢？综合古往今来诸方分析和我国近年来教育发展的实际情况，导致这样结果的原因可能有以下几个方面：

　　一是教育的对象是由具有复杂多变的特殊素质构成的高能动物性发展的人，人的素质结构及其发展机理至今仍是各门相关科学尚未解开的奥秘。在这个奥妙未完全揭开之前，促进人的素质发展的教育活动、经验、思想、理论，都难免带有不同程度的假设臆测、经验描述、权利意志和意义推演，很难说成是真正的科学。

　　二是影响人的发展和教育的因素错综复杂，变化多端，难解难控，这就使教育理论的任何一种抽象概括都难免遇上"脱离实际"的问题。即使是被无数次实践证明具有真理性的某些教育理论，面对教育发展中此起彼伏的具体新情况、新问题，面对某些缺乏创造性应用素质而只求"万能药方"的人来说，也难免被视为枯燥的、苍白的、无用的。

　　三是教育原理的根本任务是揭示、论证教育基本规律和研制教育行为基本规范。而教育的不同层次规律是存在于教育现象、教育问题的背后，同其他规律一样，其暴露有个过程，人对其认识也有个过程，认识了对其论证和表述也需要建构一套容易解构的独特范式、范畴、术语、规范、逻辑和框架体系。如果，以此作为一门独立成熟的学科衡量标准，那么已往的和现有的原理性教育学著作的不成熟性则显而易见。由此走向成熟需要解决的难题，需要付出的时间和智慧之多更是不言而喻了。

四是根据教育学科的特点，建构能最大限度地调动广大高素质教育科研人员的积极性，将教育基本原理建设列为超越性独立性较强的全新科研体制。在基层学校建构这样体制的难题也是相当多的，可是这个难题不解决，不用说学科建立难以为继，就是局部、前沿问题的研究也是难以突破。

　　作为教师要胜任教师职业需要综合的、全面的素质，做好教师工作更是不易，困难重重。吉海通过长期的教育教学研究与管理岗位的耕耘、积累与实践，撰写了这本《教师与教育》，较好地回答了前面提到的问题，这是一种可贵的动机和创意。

柳海民

2020 年 10 月于寓所

前　言

　　教育是一项培养人才的社会活动，教育系统是以人的集合为主要构成要素的社会系统。教师职业是一种专门性职业，教师是专业人员。教师是教育者，教师职业是促进个体社会化的职业；个体从自然人发展成社会人，是在学习人类经验、消化、吸收人类文化的社会化过程中逐步实现的。人类早期社会教化的主要承担者是部落、氏族首领和经验丰富的长者，随着社会的发展，产生了以专门教化年轻一代成为合格的成员为己任的劳动群体——教师。他们根据一定的社会要求，有目的、有计划地向年轻一代传授人类长期积累的知识经验，规范他们的行为品格，塑造他们的价值观念，引导他们把社会要求内化为个体的心理素质，实现个体的社会化。不同职业的性质，使不同职业人员扮演的角色、承担的职责表现出不同的特点。教师职业的最大特点在于职业角色的多样化。首先是说教育工作者需要有学科专业素养；还指教育工作者需要有教育专业的素养。教师是一种专门职业，也是指教师需要有一些与教师职业有关的特殊要求，比如较强的语言表达能力、必要的教育学通识等。

　　教师专业有自己的理想追求，有自己的理论指导体系，有系统的职业规范和技能技艺，具有不可替代性。教师不仅是知识的传递者，而且是道德的引领者，是思想的启蒙者，是心灵世界的拓荒者，是情感、意志、信念的塑造者。教师不仅需要知道传授什么知识，而且需要知道怎样传授知识，需要知晓面向不同的教育对象采取不同的教学策略。教师职业的专门化既是一种认知，也是一种奋发进取的过程；既是一种职业资格的认定，还是一种不断学习、不断创新的自我追求。中国教师行业的培养和培训正在发生着历史性的变化与推进，正在从保障数量向提高内涵质量转变，提高素养、提升质量将成为当代教师队伍建设与发展的主旋律。在这种不可阻挡历史转变大潮之中，不管是职前培养还是职后培训，无论是教育行政部门还是教师个体，都需要以一种新的姿态，与时俱进，迎接这一机遇。

　　做一名教师需要哪些基本条件？如何认知做一名好教师所应必备的教育素养与技能？应具备哪些知识与素质？教育是古今中外人人司空见惯的极为平常的社会现象，可是要认真的问问，教育究竟是什么？干好教育应具备哪些必要的教育通识？虽然都可能说些看法，但未必都能完全说明白。教育的产生和发展的历史表明，人们总是不满足对教育现象的肤浅感知，图求通过各种教育现象及其发展变化中出现的需要解决的教育问题，探求其内在的深层次的本质及其发展变化的规律，以教育原理的态势加以论述和表征，并定制各种有效的教育行为规范。自古以来不断有关注教育问题、教育规律、教育规范的思想家、理论家和实践家，付出劳动，撰述了许多不同名目、各具特点的教育原理性书籍。历史在不断前进，教育在继续发展。面对社会发展提出的崭新要求和教师教育急剧变革的新形势，教师应不断改革和创新，积极吸纳现代教育理论新成果，拓展教育教学理论素养。

本书在写作过程中，遵循了以下原则：

一、一般性和针对性相结合。20 世纪以来，在世界范围内涌现出来的现代教育理论林林丛丛、不胜枚举，系统地介绍所有的教育理论既不可能也无必要。本书写作的是那些具有一般性和代表性，同时又对当前产生着重要影响的教育原理。这样既能纵览现代教育理论的概貌，又不致脱离我国的教育教学实际。

二、理论与实践相结合。理论与实践相结合不仅是源于一般意义上理论与实践的密切联系，同时也是为了在职教师、其他行业人员以及在校学生能更好的、更加透彻、更加扼要的了解现代教育理论。

三、基础性和前沿性相结合。主要介绍前沿的对我国基础教育改革具有重大影响的教育理念、教育思潮和教育流派；但无论教育理念如何新潮，它都不能违背基本的教育理论，不能偏离教育的最起码的质的规定性。

四、体系与结构尽可能清晰。全书以教育与社会发展和教育与人的发展为两条主线，仅仅围绕这两个教育学的基本问题展开各部分内容。

五、理论与内容尽可能归之于基本，即全书内容尽可能抛开历史和阶段的局限，而从基本规律、共同规律的角度去说明各部分的内涵。换言之，即把要阐明的内容放在社会发展和人的身心规律中去认识他们各自的历史发展、社会作用、基本内涵、实践规律等。

六、学术性和时代性的统一。内容融汇着学术界和作者本人的研究成果，这些研究体现在各部分之中。全书中引证的资料和提出的问题尽可能是目前最新的，以使全书跳动着时代的脉搏。

集多年寒窗之苦写成此书，掩卷之时仍感不足和遗憾。

本书适用师范类在校学生、新教师就业考录、在职教师培训以及非教师职业了解教师职业的基本理论简约读本。

本书在写作过程中参阅了学术同仁的研究成果，有的已在书中注明，有的可能未注，在此一并致以诚挚的感谢。

本书在出版过程中得到教育界同仁、出版社的同志给予了大力支持，在此表示衷心的谢意。

作者

2020 年 10 月

目录

第一章
教师的教育学通识

第一节 教育发展史概览

一、教育的发展史

（一）教育的概念

从词源上看，不同语言的"教育"一词，都与儿童的培养有关。如古希腊语的教育（educare）一词与关照、教导、护理相关。中国甲骨文中的教，是指儿童在成人监督下的习文之事，"育"则表示妇女养育儿童之事。不同的教育家对"教育是什么"的回答各不相同，甚至相悖，是从不同角度加以强调，这也表明教育这一事物本身极为丰富和复杂。

就教育的一般意义而言，教育是培养人才的一种社会活动，是传承社会文化、传递生产经验和社会生活经验的基本途径。

广义概念：凡是增进人们的知识技能、影响人们思想观念的活动，都具有教育作用。

区别于其他社会活动的广义教育，则指以影响人的身心发展为直接目的的社会活动。

狭义的教育：主要指学校教育者根据一定的社会要求，有目的、有计划、有组织地通过学校教育工作对受教育者的身心施加影响，促使他们朝着所期望的方向变化的活动。

（二）教育的起源和学校的出现

教育是人类特有的社会现象，它随着人类社会的产生而产生，随着人类社会的发展而发展。人类生产劳动的进行，是产生教育最具基础性的条件，语言的形成则是教育产生的另一个重要的社会条件。

关于教育起源问题的回答，历来存在分歧。在西方有"生物起源说""心理起源说"和"劳动起源说"。起源不同于"产生"和"出现"，仅说明某事物存在的必要性和可能性是不够的，还要说明由何而生，从演化而来，也就是说，要找出教育从中脱胎而出的事物，即教育的原型。能够成为教育原型的事物必须包含着教育的基本要素，而且要素间具有内在联系。在原始社会人类活动中具有这些条件的活动，就是人类相互间非物质性的交往活动。只要这类交往发生，就必然有交往的双方和交往的内容，并产生交往的结果——在交往双方身上产生认识、情感、意志和行为的影响，当这类交往被意识到，并逐渐形成较为固定的内容和较为固定的教和学的关系时，教育活动就演化而生了。因此，可以说人类的教育活动起源于交往，在一定意义上说，教育是人类一种特殊的交往活动。

当生产力发展到一定水平，一部分人有可能脱离生产劳动，当语言发展到了文字形成出现后，学校便出现了。教育与社会的发展、教育与人的发展有着本质的联系，一方面，教育为社会的发展，为人的发展提供了保障；另一方面，社会和人的发展又不断向教育提出更高、更新的要求，促进教育的不断发展。学校的出现是教育形成自己相对独立形态的标志，这是相当重要的一步。自此以后，教育就有了两种形态：专门化的学校教育和依然在生产劳动过程中进行的非学校教育。

随之而来的是教育的功能也发生变化，并在不同的社会形态中扮演不同的角色。

古代社会中，学校教育为社会统治阶级进行政治服务的功能占中心地位，具体体现在学校教育的目的、内容、对象、方法等各个方面。

近代资本主义社会中，尤其是18—19世纪期间，随着工业大生产在国民经济中地位的确立和资产阶级政权的巩固，社会要求学校教育为社会物质生产服务，为科学文化的普及与发展服务，相比之下，教育为政治服务的功能则变得隐蔽起来。这些变化明显地表现在普及义务教育制度的实现和近代学制的建立上。

进入20世纪以来，由于科学技术的迅猛发展，社会产业结构发生重大转变，使得工业革命以后逐渐形成的近代学校教育越来越不能适应和满足社会不断更新和提高的需求，具体地说社会对学校教育的要求是：

1、要求加强学校教育与社会物质生产的直接联系；

2、要求教育向终身化的方向发展；

3、要求学校进一步面向未来、先行一步，为社会和人类的未来前景提供教育保障；

4、要求学校教育着重培养人的创造意识和实践能力。

（三）教育制度及其发展趋势

1、教育制度在形式上的发展

从形式上看，教育经过了从非形式化教育到形式化教育再到制度化教育的过程。

非形式化教育：是指与生活过程、生产过程浑然一体的教育，没有固定的教育者，也没有固定的受教育者。

形式化教育：是指教育者和受教育者相对稳定，有稳定的教育场所和设施，教育内容相对规范化。

随着学校教育的独立程度越来越完备，制度化的教育逐渐形成。学校教育制度简称学制，学制的建立，是制度化教育的典型表征。

"学制"是一个国家和各级各类学校的系统，它规定各级各类学校的性质、任务、入学条件、修业年限以及他们之间的关系。

学校教育制度受到社会生产力发展水平和科学技术发展水平、政治制度和意识形态、人口发展状况以及青少年心理特征等的制约。

2、现代教育制度的发展趋势

现代教育特别是二战以后的教育制度呈现出如下一些共同的发展趋势：

加强学前教育并重视与小学教育的衔接。二战以前，学前教育很少纳入国家教育体系，二战以后各国政府普遍加强了对学前教育的重视，很多国家将学前教育纳入了国家教育系统，并重视与小学教育的衔接工作。

强化普及义务教育，延长义务教育年限。义务教育是国家用法律形式规定的，对一定年龄儿童实施确定年限的学校教育。19世纪中叶，一些欧美国家颁布了初等教育的义务教育法以后，义务教育逐步成为国际潮流，被视为衡量一个国家是否文明的标志之一。现在世界上有近三分之一的国家提出了年限不等的普及义务教育目标。

中等教育中普通教育与职业教育朝着相互渗透的方向发展。在中等教育中，普通教育是以升学为主要目标，以基础知识为主要内容的教育。职业教育是以就业为主要目标、以从事某种职业或生产劳动所需要的知识和技能为主要教学内容的教育。二战以前世界各国普遍推行双轨制教育，两种教育相互隔离。双轨制的主要弊端是，学生缺乏重新选择的机会，普通中学中不能升入高一级学校的学生往往缺乏适应社会生活的能力。二战后综合中学的比例逐渐增加，出现了普通教育职业化、职业教育普通化的趋势。

高等教育类型日益多样化。随着社会生活的多样化和高等教育的大众化，传统的以"学术性"为标准的大学，逐渐发生变化。在形式上，不同学制、不同办学形式的学校纷纷出现；在内容上，基础性的、应用性的、工艺性的学校各显特色，入学目的、考试评价的方法也多种多样。

教育的国际交流加强。

在经济全球化和新技术革命的影响下，国际性教育交流与合作进一步加强，具体表现在，人才的全球性流动、竞争与合作，教育机构的跨国设立，国际化网络教育兴起以及国际学分、学位的互认等等，一个世界性的各国教育相互渗透、高度融合的大趋势正在出现。

（四）教育发展的历程

1、古代教育

（1）古代学校不同的形态

①古代中国

根据历史记载，中国早在 4000 多年前的夏朝，就有了学校教育的雏形。《孟子》里说夏、商、周设"庠、序、学、校以教之，庠者养也，校者射也。夏曰校，商曰序，周曰庠，学则三代共之，皆所以明人伦也。"这里，《孟子》不仅记载了我国古代学校教育起源的情况，而且记载了当时教育的内容和宗旨。西周以后，学校教育制度发展到比较完备的程度，建立了典型的政教合一的官学体系，并且有了"国学"与"乡学"之分，即在王城和诸侯国都的学校与设在地方的学校、设在闾里的塾校，形成了以礼、乐为中心且文武兼备的六艺教育。

六艺由六门课程组成：

A、礼：包括政治、历史和以"教"为根本的伦理道德教育。

B、乐：包括音乐、诗歌、舞蹈教育。

C、射：射技教育。

D、御：以射箭、驾兵车为主的军事技术教育。

E、书：学字习写的教育。

F、数：简单的数量计算教育。

到了春秋战国时期，官学衰微，私学大兴，儒、墨两家的私学成为当时的显学，孔子私学的规模最大，存在了四十多年，弟子三千。春秋战国时期私学的发展是我国教育史、文化史上的重要里程碑。

汉代武帝以后，采纳了董仲舒提出的"罢黜百家、独尊儒术"的建议，实行了思想专制主义的文化教育政策和选士制度，对后世产生了深远的影响。后来虽然在以什么为统治思想方面有过变化，比如黄老之学和佛老之学都曾经成为中国历史上的道统，但文化思想独守一尊的思维模式基本没有改变过。

隋、唐以后盛行的科举制度使得政治、思想、教育的联系更加制度化，它对于改变魏晋南北朝时期"上品无寒门，下品无势族"的严格等级制度起了积极作用，为广大的中、小地主阶级子弟进官为吏开辟了道路，但也加强了对知识分子的思想和人格的限制。

宋代以后，程朱理学成为国学，儒家经典被缩减为"四书""五经"，特别是"大学""中庸""论语""孟子"四书被作为教学的基本教材和科举考试的依据。知识分子的毕生精力用在了经书的背诵上。明代以后，八股文被规定为考科举的固定模式，不仅社会思想受到牵制，而且在形式上的创造性也被扼制，一直到光绪31年（1905年）科举制度再也不能适应社会发展的要求，清政府才下令废科举兴学堂。

②古代印度

印度是世界文明古国之一，它的教育也有着悠久的历史。古代印度宗教权威至高无上，教育控制在婆罗门教和佛教的手中。婆罗门教有严格的等级制度，把人分成四种等级，处于最高等级的是僧侣祭司，享有受最优良教育的特权，其次是刹帝利，为军事贵族，这两个种姓是天然的统治者，再次是吠舍种姓，只能从事农、工、商业，最低等级的是首陀罗种姓，被剥夺了受教育的权利，识字读经被认为是违反了神的旨意，要被处死。婆罗门教的"教条"是指导思想，婆罗门的经曲"吠陀"是主要的教育内容，婆罗门教的僧侣是受教育唯一的人选。教育活动主要是背诵经典和钻研"经"意。

佛教与婆罗门教虽然是两大教派，但都敬奉梵天，主张禁欲修行。但佛教比较关心大众，表现在教育上主要是广设庙宇，使教育面向更多的信徒，形成了寺院学府的特色，并一直延续到英国殖民地时期。

③古代埃及

古代埃及大约也是在4000年前，发展成为强大的王国，文化繁荣，教育也达到鼎盛时期。根据文献记载，埃及在古王国末期已有宫廷学校，它是法老教育皇子皇孙和贵族子弟的场所，古王国以后，宫廷学校已不能满足培养官吏的需要，开设了"职官"学校。这些学校都是以吏为师、以法为教，只招收贵族子弟和官员子弟，也肩负文化训练和业务训练的任务。

古代埃及设置最多的是文士学校。文士精通文字、能写善书，具有政治权限，比较受到尊重，学为"文士"成为一般奴隶主阶级追求的目标。为了满足这种需要，许多文士便设立私学，招收生徒，同时也是传授天文、数学、医学等实用知识的文士学校。于是，"以僧为师、以吏为师、以书为师"成为古代埃及教育的一大特征。当然，农民子弟与学校是无缘的，奴隶子弟更是没有受教育的权利。

④古代希腊、罗马

古代希腊、罗马的教育方式与东方的教育有所不同，7—12岁的儿童进入私立学校学习，但进入这种学校学习的大都是社会地位阶层比较低下的的子弟，贵族阶级另聘家庭教师，不送子女上学，中等教育则主要是贵族和富人的教育，学校以学习文法为主，兼学拉丁文和修辞。

古代雅典教育的目的是培养有文化修养和多种才能的政治家和商人。注重身心的和谐发展，教育内容比较丰富，教育方法也比较灵活。

古代斯巴达教育的目的是培养忠于统治阶级的强悍军人，强调军事体育训练和政治道德灌输，教育内容单一，教育方法也比较严厉。

罗马帝国灭亡之后，西欧人进入基督教与封建世俗政权紧密联系、互相利用时期，统治残酷、等级森严、思想专制，文化教育几乎全为宗教所垄断，异教学校被取缔，世俗文化被否定，学习内容是神学和七艺，盲目服从圣书和僧侣教师的权威，学习方法是背诵。为了更好地布道，也设立了为数众多的教区学校，主要用于对普通贫民子弟的宗教教育，也适当讲一些读、写知识。教会学校都奉行禁欲主义，实行严格的管理和残酷的体罚。

其次是骑士教育。骑士教育并无专门的教育机构，主要在骑士的生活和社会交往中进行，教育内容是培养效忠领主的品质、军事征战的本领和附庸风雅的素养。

中世纪也有世俗教育，学习文法、修辞、天文、历法、算术等实用知识，神学也是主修课程。

2、古代学校教育特征

东西方的教育虽然在具体内容和形式上存在差异，但都反映了社会发展水平的基本特征，这些特征在教育上具体表现为：

（1）阶级性。

统治阶级享有教育特权，统治阶级内部的等级在教育制度上有所反映。贵族与平民、主人与仆人之间有着不可逾越的鸿沟，奴隶被剥夺了受教育的权利。

（2）道统性。

统治阶级的政治思想和伦理道德是唯一被认可的思想，天道、神道、与人道合一，实质上都服从于治人之道。

（3）专职性。

教育过程是管制与被管制、灌输与被灌输的过程，道统的威严通过教师、牧师的威严，通过招生、考试、教学纪律的威严予以保证。

（4）象征性。

教育的象征性功能占主导地位，即能不能受教育和受什么样的教育是区别社会地位的象征。经典、教义的教育处于较高的社会地位，习得与社会生产等相关知识的教育处于较低的社会地位。

（5）刻板性。

教育方法、学习方法刻板，死记硬背、机械模仿。

2、文艺复兴后的欧洲教育

14世纪以后，欧洲产生资本主义萌芽并很快发展起来，新兴的资产阶级为了谋取他们的经济利益和政治地位，以复兴古代希腊、罗马的文化为旗帜，掀起了反对封建文化、创造资产阶级文化的文艺复兴运动，这场运动以人性反对神性、以科学理性反对蒙昧主义，以个性解放反对封建专制，以平等反对等级观念，重视现实生活，肯定现实生活的幸福和快乐，反对禁欲主义，对当时和后世的教育产生了重要影响。

3、近代教育

16世纪始，世界逐渐进入近代社会，火药、造纸、印刷术、指南针从中国传入西方，为世界军事和交通带来了大发展的机遇；哥伦布发现新大陆极大地激发了人们的想象热情；18世纪蒸汽机的发明，带来了人类历史上的第一次工业革命，手工劳动、作坊生产被现代大工业取代，从而引起了社会制度、思想观念和生活方式的巨大变化，这也引起了教育的巨大变化。这种变化特别表现在：

（1）国家加强了对教育的重视和干预，公立教育崛起。19世纪以前，欧美国家的学校教育多为教会或行会主持，国家并不重视。19世纪以后，资产阶级政府逐渐认识到公共教育的重要性，随后建立了公共教育系统。

（2）教育的世俗化。与公立教育的发展相适应，教育逐渐从宗教教育中分离出来。有些国家明确规定，宗教、政党不得干预教育。教育的目标与内容等向着世俗的方向发展。

（3）初等义务教育的普遍实施。机械化工业革命的基本完成和电气化工业革命的兴起，提出了普及初等教育的要求，并为初等教育的普及提供了物质基础。

（4）重视教育立法 依法治教。西方教育发展的一个明显特点就是法律的明确规定，教育的每次重要进展或重大变革，都以法律的形式规定和提供保证。

4、当代的教育

20 世纪上半叶，世界上出现了社会主义和资本主义两大阵营的对垒，电气化革命在主要国家已经完成，两次世界大战深刻地改变了世界格局，民主化、工业现代化、国家主义成为世界三股最强大的潮流。在这样的背景下，教育在质量上获得更大发展，义务教育普遍向中等教育延伸，职业教育发展受到普遍重视，政治道德教育普遍呈现出国家主义特征，平民教育运动、进步主义教育运动在世界各地都有不同程度地展开。

20 世纪下半叶，科学技术的革命魔术般地改变着世界的面貌。教育，在落后国家被看成是追赶现代化的法宝，在发达国家被看成是增强竞争力的基础，教育在数量上迅速膨胀，发达国家的教育尤其是高等教育发展更快。另一方面生产力的发展，政治结构的重组，人类对自身的生命价值、人生态度、价值观念、生活方式的重新认识，也极大影响着教育的改革和发展，使得教育制度、教育观念、教育内容、教育形式均发生了深刻的变化，社会的现代特征在教育上也反映出来，主要有：

①教育的终身化。把人的一生分为学习阶段和工作阶段的观念已经陈旧了，社会的发展越来越快，新的知识和信息不断增加，人们只有不断学习，不断接受教育，才能适应不断变化的社会。于是，20 世纪 60 年代以后教育家们提出了教育贯穿人的一生的终身教育思想。终身教育思想强调职前教育与职后教育的一体化，青少年教育与成人教育一体化，把终身教育等同于成人教育或职业教育是片面的。

②教育的全民化。全民教育是近 20 年来提出的一种新的教育观念，很快得到了世界各国特别是发展中国家的积极响应。全民教育就是让所有人都受到教育，特别是使适龄儿童受到完整的小学教育和使中、青年脱盲。

③教育的民主化。教育民主化是上世纪最大的教育思潮之一，教育民主化首先是指教育机会均等，包括入学机会的均等，教育过程中享有教育资源机会的均等和教育结果的均等，其次是指师生关系的民主化，再次是指教育活动、教育方式、教育内容等民主化，为学生提供更多自由选择的机会。

④教育的多元化。教育多元化包括教育思想多元化，教育目标、办学模式、教学形式、评价标准等的多元化，它是社会生活多元化的个性要求在教育上的反映。

⑤教育信息技术的现代化。这是现代科学技术在教育上的应用，包括教育设备、教育手段、以及工艺、程序、方法等的现代化。

二、教育学的发展史

概念：教育学是一门以教育现象、教育问题为研究对象、探索教育规律的科学。

目的是深化人们对教育的认识、更新人们的教育观念、并为教育的发展和改进提供依据，为提高教育管理水平和教学水平提供理论选择与指导。教育学与其他许多社会科学一样，有一个漫长而又短暂的历史过程。

（一）历史上的教育思想

1. 中国古代的教育思想

孔子是中国古代最伟大的教育家、思想家和政治家，以他为代表的儒家文化教育的发展对人们产生了极其深刻的影响。孔子的思想集中体现在他的言论记录《论语》里，孔子认为人的先天本性相差不大，个性的差异主要是后天形成的（性相近、习相远也），所以他很注重后天的教育工作，主张"有教无类"，希望把人培养成"贤人"和"君子"。孔子大力创办私学，培养了大批人才。孔子的学说以"仁"为核心和最高道德标准，并且把仁的思想归结到服从"周礼"上（克己复礼为仁），主张"非礼勿视，非礼勿听，非礼勿言，非礼勿动"，强调忠孝和仁爱。孔子继承西周六艺教育的传统，教学纲领是"博学于文、约之以礼"，基本科目是诗、书、礼、乐。孔子的教学思想和教学方法是承认先天差异，但更强调"学而知之"，重视因材施教。因材施教的基本方法是启发诱导。孔子说，"不愤不启、不悱不发"；朱熹注："愤者，心求通而未得之意。悱者，口欲言而未得之貌。启，谓开其意，发，谓达其辞"。启发一词由此而来。孔子很强调学习与思想相结合，他说："学而不思则惘，思而不学则殆"，强调学习与行动相结合，要求学以致用，把知识运用到政治生活和道德实践中去。

先秦时期以墨子为代表的墨家与儒家并称显学。由于政治思想和社会观念的不同，墨家与儒家的教育主张有所不同。墨子以"兼爱"和"非攻"为教，同时注重文史知识的掌握和逻辑思维能力的培养，还注重使用技术的传习。对于获得知识的理解，墨家认为，主要有"亲知、闻知和说知"三种途径。说知是指依靠类推与明知的方法来获得知识。

道家是中国传统文化的一个重要组成部分，依据"道法自然"的哲学，道家主张回归自然、复归人的自然本性，一切任其自然，便是最好的教育。

战国后期，"礼记"中的"学记"从正反两方面总结了儒家的教育理论和经验，以简洁的语言、生动的比喻，系统地阐发教育的作用和任务，教育、教学的制度、原则和方法，教师的地位和作用，师生关系和同学关系等，是珍贵的世界教育思想遗产。

"学记"提出："化民成俗，其必由学"、"建国君民，教学为先"。揭示最严密的视察指导和考试制度，要求"时教必有正业，退息必有居学"，即主张课内与课外相结合，作、息相辅。"学记"提出教学相长的辩证关系和"师严然后道尊"的教师观。在教学方面，学记反对死记硬背，主张启发式教学，"君子之教，喻也"，"道而弗牵、强而弗抑、开而弗达"，主张开导学生，不要牵着学生走；对学生提出比较高的要求但不要使学生灰心；指出解决问题的路径，但不要提供现成的答案。

汉代的董仲舒、宋代的朱熹、明代的王阳明、清代的王夫之等许多中国古代的教育家和教育思想家，都有丰富的教育实践经验和精辟的教育见解。

2. 西方古代的教育思想

在西方，要追溯教育学的思想来源，毫无疑问，首先需要提到的是古希腊的哲学家苏格拉底（Socrates 公元前 469—399）和柏拉图（Plato 公元前 427—347），苏格拉底以其雄辩而闻名于世。他与鞋匠、商人、士兵、和富有的青年贵族问答时，佯装无知，通过巧妙的诘问，暴露出对方观点的破绽和自相矛盾之处。从而发现自己并不明白概念的意义，这种问答分为三步，第一步成为苏格拉底讽刺，他认为这是使人变得聪明的一个必要步骤，因为除非一个人很谦逊"自知其无知"，否则他不可能学到真知。第二步叫定义，在问答中经过反复诘难和归纳，从而得出明确的定义和概念。第三步叫助产术，引导学生自己进行思索，自己得出结论，正如苏格拉底自己所说，他虽无知，却能帮助别人获得知识，好像他的母亲是一个助产婆一样，虽年老不能生育，但能接生，能够帮助新的生命诞生。

柏拉图是对哲学的本体论研究作出重要贡献的古代哲学家，它把可见的"现实世界"与抽象的"理念世界"区分开来，认为"现实世界"不过是"理念世界"的摹本和影子。他还认为，人的肉体是人的灵魂的影子，灵魂才是人的本质，灵魂是由理性、意志、情感三部分构成的，理性是灵魂的基础。理性表现为智慧，意志表现为勇敢，情感表现为欲望。根据这三种品质中的某一种在人的德行中占主导地位的不同，他把人分为三种集团或等级：1、运用智慧管理国家的哲学家；2、凭借勇敢精神保卫国家的军人；3、受情绪驱动的劳动者。人类要想从"现实世界"走向"理念世界"，非常重要的就是通过教育，帮助未来的统治者获得真知，以"洞察"理想的世界。这种教育只有贯穿了睿智的哲学家和统治者的思想，才能引导芸芸众生走向光明。教育与政治有着密切地联系，以培养未来的统治者为宗旨的教育是在现实世界中实现这种理想的工具。柏拉图的教育思想集中体现在他的代表作《理想国》

中。

古希腊的哲学家亚里士多德（Aristotle 公元前 384——322），禀承了柏拉图的理性学说，认为追求理性就是追求美德，就是教育的最高目的。他认为，教育应该是国家的，每一个公民都属于城邦，全城邦应有一个共同目的，所有的人都应受同样的教育，教育事业应该是公共的，而不是私人的。他还主张一部分人可以接受教育，一部分人则是不可接受教育的。亚里士多德注意到了儿童心理发展的自然性特点，主张按照儿童心理发展规律对儿童进行分阶段教育，这也成为后来强调教育中注重人的发展的思想来源。亚里士多德的教育观在他的著作《政治学》中有大量反映。

文艺复兴期间，很多著名的人文主义思想家都很重视教育问题，如意大利的维多里诺（Vittorino da Feltre 1378—1446），尼德兰的伊拉斯谟（Desiderius Erasmus 1467—1536），法国的 F. 拉伯雷（Francois Rebelais 1486—1553）和蒙田（Eyquem de Montaigne 1533—1592）等人或发表言论，或兴办学校，从事教育革新。他们反对封建教会对儿童本性的压抑，强调教师要尊重儿童的个性，关心儿童、信任儿童。认为应该通过教育使人类天赋的身心能力得到和谐发展，包括思维、热情和性格的发展。主张恢复古罗马时期重视体育的传统，组织学生进行击剑、角力、骑马等富有挑战性的运动；他们揭露贵族僧侣阶级虚伪的道德，注重既保持宗教信仰，又把勇敢、勤勉、进取、荣誉心等与个人品质有直接关系的品质作为道德的主要要求。在智力方面，他们主张扩大教学内容的范围，增加新的学科内容，同时注意调动学生的兴趣，改变"经院主义"学风，营造生动活泼的教学气氛。还主张恢复古希腊重视美育的传统，将美与善结合起来。文艺复兴运动对欧洲教育的人文化、世俗化和增加新的学科教育内容，以及扩大受教育的范围产生了巨大的作用和深远的影响。但是由于当时不少人文主义者把古希腊教育过度理想化，特别是过于注重希腊文、拉丁文以及法文修辞的教学，逐渐形成了古典主义倾向，脱离实际，导致了新的烦琐哲学和形式主义，对后世也产生了不良影响。

夸美纽斯（Johann Amos Comenius 1592—1670）是受到人文主义精神影响的捷克教育家。年轻时期他就具有强烈的民主主义思想，强调教育的自然性。自然性首先是指人也是自然的一部分，天赋予人的自然本性是同样的，人应该受到同样的教育；其次是说人与自然遵循同样的法则，教育可从自然的法则中找到教育法则，教育要遵循人的自然发展为原则；三是提出了"把一切知识教给一个人"的口号，拓展了教育的知识范围，也提出了教育普及的理念。

启蒙时期的思想家、教育家对自然性思想作了新的解释，并使之哲学化。这首先要提到法国的卢梭（Jean-Jacques Rousseau 1712——1778）。卢梭对自然强调到了使之与现代文明对立的程度。他因宣扬他的自然主义教育理想作品《爱弥尔》而险些被当局逮捕。他所理解的自然，是指不为社会和环境所歪曲、不受习俗和偏见支配的人性，即人与生俱来的自由、平等、纯朴和良知。卢梭认为，人的本性是善的，但被现存的环境和教育破坏了，假如能为人造就新的、适合人性健康发展的社会、环境和教育，人类就能在更高阶段回归自然。因此，人为的、根据社会要求强加给儿童的教育是坏的教育，让儿童在自然中顺其自然发展才是好的教育，甚至越是远离社会影响的教育才越是好的教育。

卢梭的自然主义思想对德国哲学家康德（Immanual Kant 1742—1804）的影响很大。康德在他的哲学里，探究道德的本质，充分肯定了个人的价值。他力图通过教育实现他的哲学理想，改造社会。他认为，人的所有自然禀赋都有赖于发展才能生存，"人是唯一需要教育的动物"，教育的任务根本在于充分发展人的自然禀赋，使人人都，成为本来的自我，都得到自我完善。

瑞士教育家裴斯泰洛齐（Johann Heinrich Pestalozzi 1746—1827）深受卢梭和康德思想的影响，并且以他博大的胸怀和仁爱精神进行了多次产生世界影响的教育试验。他认为，教育的目的在于按照自然的法则全面地、和谐地发展儿童的一切天赋力量。教育应该是有机的，应该做到智商、德育和体育一体化。使头、心和手都得到发展，教育者的首要职责在于塑造完整的、富有个性特征的人。他主张教育要遵循自然，教育者对儿童施加的影响，必须和儿童的本性一致，使儿童自然发展，并把这种发展引向正确的道路。

到了近代，国家教育的思想与民主的教育思想都在发展。这在英国哲学家洛克（JohLoche 1632—1704）身上得到了集中体现。一方面，他提出了著名的"白板说"，认为人的心灵如同白板，观念和知识都来自后天，并且得出结论，天赋的智力人人平等，"人类之所以千差万别，便是由于教育之故。"主张取消封建阶级等级教育，人人都可以接受教育。另一方面，他主张的又是绅士教育，认为绅士教育是最重要的，一旦绅士受到教育，走上正轨，其他人就都会跟着走上正轨。绅士应当既有贵族气质，又有资产阶级的创业精神和才干，还要有健壮的身体。绅士的教育要把德行的教育放在首位，基本原则是以资产阶级利己主义的理智克制欲望，确保个人的荣誉和利益。形成鲜明对照的是，他轻视国民教育，认为学校里普遍集中了"教养不良、品行恶劣、成分复杂"的儿童，有害于绅士的培养，主张绅士教育应在家庭实施。

（二）教育学的建立与变革

一门规范学科的建立，从独立的教育学诞生的角度来说，通常以德国赫尔巴特（Johann Friedrich Herbart 1776—1852）的《普通教育学》（1806）为标志，美国杜威（John Dewey 1859—1952）及他的《民主主义与教育》（1916）是 20 世纪实用主义教育学的代表人物和作品，该学派对教育和教育学的发展产生了深远的影响。

1. 赫尔巴特的《普通教育学》

在赫尔巴特之前，17 世纪中叶夸美纽斯已经从理论上概括了欧洲文艺复兴以来的教育经验，研究了新兴资产阶级在教育上提出的新问题，建立了比较完善的教育理论体系。他的《大教学论》（1632）一般认为是教育学形成独立学科的开始。此后，洛克的《教育漫画》（1762），也都比较全面地描述了各自的教育思想。教育学作为一门课程在大学里讲授，最早开始于康德。他于 1776 年在德国的柯尼斯堡大学的哲学讲座中讲授教育学。但对后世影响最大、最明确地构建教育学体系的是赫尔巴特。1809——1833 年间，赫尔巴特一直在柯尼斯堡大学听取康德的哲学讲座，并讲授教育学，1835 年，他又出版了《教育学讲授纲要》。他第一个提出要使教育学成为一门科学，并认为应以伦理学和心理学作为教育学的理论基础。赫尔巴特的贡献在于把教育学理论建立在心理学的基础上，把教育价值的理论建立在伦理学基础上，可以说是奠定了科学教育的基础。赫尔巴特一方面主张根据儿童的兴趣确定教育活动；另一方面，又强调对儿童意志力的控制。

《普通教育学》共分三编。第一编阐述"教育的一般目的"，论述了儿童管理的目的和方法，发展多方面的兴趣是教学的目的；第二编论述多方面兴趣的对象、教学的过程等，提出教学的四个形式阶段：明了、联想、系统、方法；第三编讨论道德性格的形成，通过教育形成儿童品德、性格的理论。赫尔巴特的教育思想反映了德国国家主义的思想，在教育目的上特别强调道德目标和培养对社会的有用之才。强调道德教育是教育的首要任务，而且道德教育就是强迫的教育，纪律和管理是教育的主要手段。提出纪律的本质就是约束儿童意志，使其与国家的意志相一致，提出威吓、监督、命令、禁止和惩罚等管理的方法。

2. 杜威的《民本主义与教育》

作为现代教育的代言人，杜威的教育思想与赫尔巴特的教育思想针锋相对，其代表作《民本主义与教育》，在体系上与《普通教育学》也大不相同。

杜威主张教育为当下的生活服务，主张教育即生活。由于生活是一个发展过程、生长过程，所以教育也是生长的，这是从教育的纵向来说的；而从生活的横向来说，则是人与环境的相互作用，并形成了个体的和集体的经验。由于生活环境是不断变化的，人要适应环境就需要不断改造经验。所以教育实际上是经验的改造或改组，促进学生形成更新、更好的经验。为此，他强调教学法与教材的统一，强调目的与活动的统一，主张"在做中学"。在问题中学习。他认为，教学的任务不仅在于教给学生科学的结论，更重要的是促进并激发学生的思维，使他们掌握发现真理、解决问题的科学方法。引导学生发现真理的方法包括两个因素，一个是智慧，一个是探究。智慧与冲动相对立，由于运用智慧，人对于问题的解决，就与动物的"尝试与错误"区别了开来。探究则与传统学校"静听"的方法相对立，它是一种主动积极的活动，它的价值在于可以使学生在思维活动中获得"有意义的经验"，将经历到的模糊、疑难、矛盾的情境转化为清晰、确定、和谐的情境。杜威对传统教育的批判，不仅是对方法的批判，而是对整个教育目的的批判，是对教育目的的外延性批判。他认为这种外延的教育目的使受教育者无思考的余地，限制人的思维。受教育者不需要也不可能有自由思考、主动创造的空间，只能使用机械的注入法，学生消极地对教师所教的东西做出反应，成为教师和教科书的奴隶。在《经验与教育》一书中，他这样概括进步教育与传统教育的对立：反对从上而下的灌输，主张表现个性和培养个性；反对外部纪律，主张自由活动；反对从教科书和教师处学习，主张从经验中学习。他所主张的教育是没有外延目的的，是让学生学会在问题的情境中自己探索，自己总结、改造和改组经验，自己得出结论从而得到发展。

杜威试图把"民主"和"科学试验"、"进化论"、"工业的改组"等因素联系起来，探讨他们在教育上的意义。书中批判性地讨论了西方以前的教育思想，同时吸取现代哲学、社会学、生物学、心理学上的成就，形成了一个完整的实用主义教育思想体系。

全书共分 26 章，前 7 章首先讨论了教育与生活以及教育的社会功能，批判了当时社会学校教育的弊端，提出了他的一个重要观念："教育即生活"。杜威认为，教育并不从属于任何其他事物的目的或目标。"教育就是不断生长，在自身以外，没有别的目的"。教育的理想既不是将潜在的能力向特定的目标展开，也不是按外部目标进行塑造工作。

书中最重要的思想是教育为民主社会创造条件的思想。关于教育上的民主，杜威认为，"首先是一种联合生活的方式，是一种共同交流经验的方式"，是"个人各种能力的自由发展"。为了实现民主主义的联合生活，就必须教育所有的社会成员，发展个人的创造精神和适应能力，必须把生长作为一切成员的理想标准。

第8~23章根据上述观点，对教育目的、兴趣与训练、经验和思维、教学法与教材、课程、教育的价值、教育与职业等问题进行了分析。特别强调教育目的（结果）与过程的一致性，认为教育的目的在过程之中，而不是在过程之外。活动的自身便是达到目的的手段，这样的活动才是真实的、生动的、变幻无穷的、有意义的。反之，如果目的在过程之外，即目的是外部强加的，那么活动自身便不能成为达到目的的手段，这样的活动便不能在特定的情况下激发智慧，是盲目的、机械的、有害的。

杜威的《民主主义与教育》和反映在他其他作品中的教育思想，对20世纪的教育和教学有深远的影响。

3. 教育学研究的实证化倾向

自19世纪末至20世纪30年代教育研究明显地在沿着实证化方向发展，并形成科学的研究范式，这对教育学的发展也产生了不小的影响。实证主义研究倾向的出现，与当时兴起的五个方面的力量有关。这五股力量是：统计方法的发展及其在教育研究上的应用，为满足教育实证性研究的量化要求提供了必要的手段；心理学实验研究以及在教育上的移植，促进了教育实验的产生和发展；教育实验研究兴起，导致实验教育学产生及教育研究实验化运动的形成；教育测验与心理测量使本来无法客观化、数量化的心理现象和教育效果有了特制的度量工具和标准，从而得以由隐态转向显态；教育调查的兴起为教育宏观研究方面提供了实证化的研究方法和手段。这五个方面力量的汇合，使教育研究的实证化不仅有了方法的理论基础，而且有了可行的方法和手段，从需要转化为可能变成现实，形成一种与自然科学研究相适应的教育研究实证模式，成为教育学分化和多样化发展的重要原因。

（三）教育学的分化与多学科的出现

19世纪末20世纪初，教育学作为教育研究唯一理论形态的格局开始被打破，导致教育分支学科大量出现，从不同角度研究教育现象的教育学科群逐渐形成。

从研究内容看，从教育学中第一个分化出来的是教学领域，包括课程理论、学科教学论及相关的教育心理学；第二个领域是教育管理，满足学校日常制度化运行和提高效能的需要，在现代工业管理制度和管理理论的启发下，学校管理学、教育行政学应运而生；第三个领域是教育研究，包括研究方法的一般系统化研究和分别研究，如调查、实验、统计、测量、评价等方面的知识和技术。

从研究角度看，形成了教育史学科，教育社会学，比较教育科学，教育哲学等等。从研究价值来看，这些学科群又可以分为理论研究和应用研究两大层面。

（四）当代教育学的演变

在 20 世纪初，赫尔巴特的教育理论从日本被介绍到中国，开始了近代中国学者对"教育学"的关注和研究，中华人民共和国成立以后，教育研究突出马克思主义的理论指导，学习借鉴国外先进教育思想与经验，发扬中华民族优秀的文化传统与教育传统，研究中国当代教育实践问题，努力建设具有中国特色的社会主义教育理论体系。总的来说，我国教育界在西学东渐及中西文化交流的影响下，由移植到改造到创新，逐步地形成了自己的教育学及其学科体系。

1. 中国教育学科的形成

教育学科在中国的形成期大致经历了如下几个阶段：

（1）了解引进西方教育学科

19 世纪末到 20 世纪 20 年代，随着国门的打开，人们的学术视野也开阔起来了，表现出这样一些特征：（1）对西方教育思想和理论的了解、引进，不是直接源于西方而是经由日本学习的结果；（2）引进的内容以赫尔巴特的《普通教育学》为主，还有部分与师范教育类课程，如《学校管理法》、《学校卫生学》、《内外教育史》等相关的学科；（3）引进的过程特点是从直接翻译到编译，引进的主要用途是为教学服务。

（2）在外国教育学介绍、研究的基础上开启国内教育学研究

从 20 世纪 20 年代到 40 年代，对国外教育学科的研究与介绍有所拓展，从国别和文字看，引进已不再局限于日本，而是逐渐转向美国和英语著作；从内容看，一方面重视原著名著的翻译，另一方面趋向流派纷呈，不再局限于一家之言。引进不再只为教学服务，还为教育学研究服务。多种流派的引入促进了对他们的比较、评析研究，进而推动了中国对教育思想的研究，使囫囵吞枣式的吸收模式得到改善。

在此基础上，国内学者开始撰写教育学科方面的教科书等著作，表现出由介绍、

翻译转向以评述为主，联系中国教育实际来著述的特点。据不完全统计，1917—1948 年，先后出版国内学者的教育学类著作 78 本，就其关心的中心问题而言，大致可分为以下几种类型：

①原理型，着重阐述教育的基本原理；

②指导实践型，集中在学校的课程设置与教学方法等方面；

③指导研究型，主要是研究方法的介绍和典型研究的个案式介绍或者研究论文集；

④"方针阐释型"，尽管也以教育学之类的命名，但立论的根据在于国民党政府的政治纲领和教育纲领，是为当时的政治服务的。

在探索理论的同时，中国教育界的一批革新人士、社会上的一批力图通过教育来救国救民的文人志士，力图改造中国教育的现状，开展了教育改革型的实验研究。这类研究涉及中小学教学方法改革，如设计教学法、道尔顿制等的移植与改造；以社会尤其是农村教育改造为目的的、宏观的社会型教育实验，如黄炎培的农村职业教育研究、梁漱溟、晏阳初、陶行知等的农村教育实验；以儿童身心发展为基础的教育研究，如陈鹤琴的幼儿教育研究。

这些引进与研究，使中国教育界得以在较短时间内了解到国际上的教育思潮和学科发展的基本状态，使中国的教育研究和教育学科发展迈出了重要的一步。

2. 中国教育学科体系的发展

（1）学习苏联，批判西方和新中国建立之前的教育思想及实践

新中国成立之初，就确定了以马克思主义为指导的学术研究原则。由于苏联是第一个社会主义国家，所以学习的对象理所应当的是苏联，批判的矛头也理所应当的指向与社会主义对立的营垒——西方资产阶级教育思想及其在中国的表现。这种学习和批判，既有苏联现成教育理论的简单照搬，也有深层次的方法论引进。如把马克思主义辩证法视为教育研究中唯一科学的方法论，用其分析教育现象、揭示教育规律、指导教育实践，同时也用于批判西方实用和实证主义的研究方法。

马克思主义的诞生和在全世界的传播是近代人类思想史上最重要的事件。马克思主义作家虽然没有教育学方面的专著，但他们对教育都非常关心，有许多精辟的教育论述，指导着马克思主义教育学的编写。在马克思主义的思想体系中，揭示了教育与社会关系的本质联系，社会发展水平与教育发展水平的一致性；强调了无产阶级掌握全人类的知识、通晓现代科学才能拥有全世界的意义；提出了教育与生产

劳动的有机联系、教育是促进人类全面发展的重要手段等原理的重要观点。这些观点及马克思主义辩证法对新中国的教育学研究始终起着重要的、不可替代的作用。

1939年，苏联教育理论家凯洛夫主编了当时被认为具有权威性的马克思主义的《教育学》。该书系统地总结了苏联二三十年代的教育经验，基本吸收了赫尔巴特的教育思想，把教育学分成总论、教育论、道德论和学校管理论4个部分，其主要特点是重视智育在发展中的地位和作用。认为"学习的首要任务，就是授学生以自然、社会和人类思维发展的深刻而确实的普通知识"，形成学生的技能、技巧，并在此基础上发展学生的认识能力，培养学生的共产主义人生观；肯定课堂教学是学校工作的基本组成形式，强调教师在教育和教学中的主导作用。

（2）在觉醒中重建教育科学体系

1979年中央十一届三中全会以后，在解放思想精神的鼓舞下，教育理论中许多重要的问题得到了新的发展。教育改革的实践和教育的实验为教育学的发展提供了重要的理论源泉。国外新的教育科学、心理科学成果，特别是美国舒尔茨等人提出的"人力资本"理论、皮亚杰的发生认识论以及布鲁纳的课程结构论、柯尔伯格的道德发生论，苏联维果茨基和赞可夫关于教学与发展关系的思想、苏霍姆林斯基的人道主义教育思想等等，都极大地推动了我国教育学的发展。

20世纪80年代是新中国成立后社会发展最快、学术思想最为活跃的时期，教育学科和教育研究也有了长足的进步，是我国教育学研究历程中学术思想解放和研究方法及方法论意识的觉醒期。这一时期我国教育科学研究的活跃与繁荣有如下主要表现：

教育研究课题的拓展。在研究课题的范围方面，人们对教育整体结构的认识由平面向立体变化，即对教育问题的研究不只是局限在学校内部的教育、教学等方面，而是拓展到教育与社会的宏观关系方面。

研究方法的更新，尤其是实证方法在教育研究中的运用与对该方法科学性的探讨。在实证方法中，这一时期最受重视的是实验法和问卷调查法。

新学科的增长，主要表现为两大类型：一类新学科是沿着分化的路线产生，另一类新学科是教育学科与其他不同学科交叉的产物，这些新学科的出现，使教育学科体系框架迅速构建起来，使研究人员对教育这一研究对象的认识变得前所未有的丰富，同时还促使研究人员思考研究方法和方法论，对方法论进行探讨。

（3）走向教育学研究的新繁荣

进入 20 世纪 90 年代以后，我国改革开放和现代化建设事业进入了一个建立社会主义市场经济、进一步解放生产力、以提高国民经济整体素质和综合国力的新阶段，这对教育又提出了新的任务和要求：建立适应社会主义市场经济体制和政治科技体制改革需要的教育体制，更好地为社会主义现代化建设服务。为此，中共中央、国务院于 1993 年 2 月印发了《中国教育改革和发展纲要》（以下简称《纲要》），以指导 20 世纪 90 年代乃至 21 世纪初教育的改革与发展。《纲要》认为，我国教育在总体上还比较落后，不能适应改革开放和现代化建设的需要，存在着教育思想、教学内容和教学方法程度不同地脱离实际等问题。在总结建国 40 多年教育事业发展的经验和原则的基础上，要求大力加强基础教育这项提高民族素质的奠基工程，并提出"中小学教育要由'应试教育'转向全面提高国民素质的轨道，面向全体学生，全面提高学生的思想道德、文化科学、劳动技能和身体心理素质，促进学生生动活泼地发展，办出各自的特色，普通高中的办学体制和办学模式要多样化"。为落实《纲要》的精神和要求，教育部于 1998 年颁布了《面向 2 1 世纪教育振兴行动计划》，确立了"深化教育改革，建立起教育新体制的基本框架，主动适应经济社会发展。"为实现这些目标而在《纲要》中提出的"六大工程"中，首当其冲的就是"跨世纪素质教育工程"和"跨世纪园丁工程"，并明确了推行新的评价制度、开展教师培训、启动新课程实验等具体任务。

作为理论的教育科学，是在与改革性实践的互动过程中、在与哲学及其他科学的相互启发下逐渐成熟和发展起来的。社会的进步、文化的交流，使得世界越来越呈现出多元化的格局，在多元结构、多元思想、多种文化的影响下，在中国社会发展和教育实践变革的促进下，中国的教育学发展也逐渐呈现出丰富多样的新格局，如何既体现学术发展的新成果和时代的共同特征，又反映具有中国特色的社会主义教育实际，是对教育学的新挑战。

第二节 教育与社会发展

教育本身是社会系统中的一个组成部分，它的发生发展受到社会其他因素的制约，特别是受到社会政治经济制度、社会生产水平、科学技术发展水平和文化背景、文化传统的影响，并对这些因素的变化发展产生反作用，这就是教育的政治功能、经济功能、文化功能和科学技术发展功能。社会现代化的程度越高，知识和信息在社会生活中的作用就越大。教育的重要性也就越明显。1993年中共中央、国务院在《中国教育改革和发展纲要》中指出："当今世界政治风云变幻，国际竞争日渐激烈，科学技术发展迅速。世界范围的经济竞争、综合国力竞争，实际上是科学技术的竞争和民族素质的竞争。从这个意义说，掌握了21世纪的教育，就能在21世纪的国际竞争中处于战略主动的地位。"接着，中央又提出了"科教兴国"的战略。1998年，教育部为落实《纲要》的精神和要求，颁布了《面向21世纪教育振兴行动计划》，确立了"深化教育改革，建立起教育新体制的基本框架，主动适应经济社会发展。""基本建立起终身学习体系，为国家知识创新体系以及现代化建设提供充足的人才支持和知识贡献"等基本目标。这对于广大的教育工作者来说，既是一个严峻的挑战，也是为国家、为民族做出贡献，有所创新的机会。

一、教育与政治经济制度的关系

（一）政治经济制度对教育的作用

1、政治经济制度决定教育的领导权。在人类社会中，谁掌握了生产资料的所有权，掌握了国家政权，就能控制精神产品的生产，就能控制学校教育的主导权，并且通过教育方针的颁布，教育目的制订，教育经费的分配，教育内容特别是意识形态教育内容的规定，教师和教育行政人员的任命聘用等，实现对教育领导权的控制。

政治经济制度决定着受教育的权利。一个国家设立怎样的教育制度，什么人接受什么样的教育，进入不同教育范围的标准怎样确立，基本上是由其政治经济制度决定的。中华人民共和国成立后我国实行教育面向工、农大众敞开，1986年公布《义务教育法》，都是国家意志的体现。在国民教育制度普遍实行了义务教育以后，义务教育后阶段的教育是否实行双轨制，是否允许个人办学，是否确立重点学校等，对谁受什么样的教育，也反映了一定的政治经济制度政策的制约。

政治经济制度决定着教育目的的性质和思想品德的内容。一个国家的政治理念、意识形态、社会的伦理道德观，直接受到一个国家政治经济制度的制约；学校教育所培养人才的政治、道德面貌同样反映了国家政治经济制度的要求，国家的这种要求通过制订教育目的、规定政治思想教育的内容以及相应的考试评价手段来实现。

政治经济制度对学校教育的影响、制约，并不意味着学校可以忽视自身的办学规律，更不是说学校要放弃学校教育任务直接为政治服务，参加具体的政治运动、执行具体的政治任务。

（二）教育对政治经济制度的影响

教育受到政治经济制度的制约，但教育并不是被动接受政治经济的影响，反过来，它对政治经济制度也产生积极的影响。

教育为政治经济培养所需的人才。通过培养人才能实现对政治经济的影响，是教育作用于政治经济的主要途径。自古以来，任何一种政治经济制度，要想得到维护、巩固和发展都需要不断有新的接班人，而对于人才的培养，主要是通过学校教育来实现的。进入现代社会，社会生活日益复杂。科学文化高度发展，势必要求国家的政治经济人才具有较高的文化素养和科学文化水平，这就必然越来越依靠专门化的学校教育，国家各级政治集团核心人物的学历层次和多方面的素养都将随之而提高，它意味着教育的影响也相对增强。

教育可以促进民主。一个国家的民主程度直接取决于一个国家的政体，但又间接取决于这个国家人民的文化程度、教育事业发展的程度。普及教育的程度越高，人的知识越丰富，就越能增强人民的权利意识，认识民主的价值，推崇民主的政策，推动政治的改革和进步。要不断地推进我国民主化的进程，就不可忽视地要加速我国教育事业的发展，不断提高全民族的文化水平。

教育是一种影响政治经济舆论的力量。学校是知识分子集中的地方，学校的教师和学生的言论、教材、文章以及他们的行为，宣传某种思想、形成某种舆论，借以影响群众，服务于一定政治经济的现实力量，革命的阶级利用教育宣传革命的思想，传播科学真理，制造革命舆论，以影响群众，为革命活动服务。

总之，政治经济制度直接影响着教育的本质和发展方向，教育又对一定的政治经济有着不可忽视的影响，这种影响随着现代化进程的加快，作为促进社会进步的力量，变得越来越重要。

二、教育与生产力的关系

教育作为一种社会现象，一开始就和人类物质资料的生产过程联系在一起。随着社会的发展，人类物质生活水平的提高，教育与人类物质的关系越来越密切。一方面，经济发展为教育发展提供的物质条件越来越好，对教育的要求越来越高；另一方面，教育对经济发展的促进作用也越来越明显，越来越重要。

（一）生产力水平决定教育的物质基础决定

生产力水平是教育发展的物质基础，同时也对教育提出与一定生产力水平相适应的要求。办教育需要必要的投入，包括人力、物力和财力，经济发展到什么水平，它所能为教育提供的投入也达到一定的水平；另一方面，经济发展到什么程度，对教育也提出相应的要求，以满足经济的发展对人才的需要。具体表现在如下几个方面：

1. 生产力水平决定教育的规模和速度。

社会经济、生产力发展水平决定着教育培养的各种规格、类型的劳动力数量，制约着教育普及的程度。一般来说，一个国家经济发展水平与该国家的文盲率、入学率、义务教育普及的年限、高等教育发展的水平直接相关。从世界教育发展的历程看，第一次工业（蒸汽机）革命后提出了普及初等教育的要求；第二次工业（电气化）革命后，提出了普及初级中等教育的要求；第三次工业电子（信息化）革命后，提出了普及高等中级教育的要求；信息技术现代化革命以后，提出了高等教育大众化的要求。

2. 生产力发展水平制约着教育结构的产生。

生产力的发展不断地引起产业结构、技术结构、消费结构和分配结构的变革，与此相适应，教育结构也将随之出现变化。如大、中、小学的比例关系，普通中学与职业中学的关系，全日制学校与社会教育的关系，高等学校中不同层次、不同专业、不同科目之间的比例关系，都要与一定的社会生产力发展水平相适应，否则，就会出现积压结构、比例失调等的问题，或者教育培养的人才不能满足社会经济的要求，或者出现人才过剩的现象。

3. 生产力发展水平制约着教育的内容和手段。

生产力水平的发展，科学技术的进步，促进知识以几何级数的速度增长，促进人们的认识能力、思维水平的不断进步。由此，促进学校的课程结构与内容不断地发展更新。自 19 世纪中叶英国教育家斯宾塞根据当时社会经济发展的行业要求，根据他对科学知识分类的观点，提出了较为系统的课程理论，对英国以及欧洲实行的教育产生了重大的影响，世界各国许多的重大教育改革都以课程改革、教学内容的改革为核心。而每次重大的课程教学内容改革，都反映了生产和科学技术发展的新水平和新要求。同样学校的物质设备，教学实验器材等都是一定的生产工具和科学技术在教育领域的应用，反映了当时的生产发展水平。在今天，把新的科技成果引进教育领域，充分利用现有的科学成就改进现有的教学手段和教学措施，将大大提高教育技术现代化的水平。

（二）教育对经济增长的促进作用

一方面，教育直接或间接地受到生产力发展水平制约，另一方面，教育又对经济的发展产生巨大的推动作用。教育对经济发展的推动作用，主要通过两条渠道加以实现

教育再生产劳动力。劳动力的质量和数量是决定经济发展的重要条件，教育承担着再生产劳动力的重任。在现代生产过程中，技术改造、设备更新要靠科学技术人才把科学成果应用于生产过程来完成；丰富的自然资源、先进的生产工具要通过高素质的劳动者来发挥作用；高水平的生产、经济效率要靠大量高水平管理人员的管理能力来实现。而劳动者基本劳动素质的优劣、技术人员科技文化水平的高低，管理人员管理能力的强弱，主要取决于他们所受教育的程度和质量。教育赋予生产者劳动的能力，使潜在的生产力转化为现实的生产力的使命。

教育再生产科学技术。科学技术是第一生产力的论断，精辟地说明了现代社会中科学技术具有社会价值和经济价值，如果说科学技术是第一生产力，那么教育则是第一生产力的支撑，是再生产科学技术的重要手段和途径。首先，教育通过传递和积累科学知识而发挥再生产科学技术的功能，科学技术具有继承性的特点，任何科学技术都不仅是一个历史时期的产物，而是人类社会整个历史发展的结晶，是人类不断积累、继承和创新的结果。而科学技术的积累和继承主要是通过教育来实现的。学校对科学技术的再生产是一种高效率的再生产。教育通过对已有科学技术的整理加工，可以使下一代更迅速、更易理解地掌握这些知识。其次，教育尤其是高等教育，通过创新和发明新的科学技术发挥其扩大科学技术再生产的功能，高等学校科学研究力量比较集中，具有学科门类比较齐全，学术思想活跃，信息来源丰富等特点，使其成为科学研究的主力军，对产生新的科学知识和技术作出特别的贡献。

（三）人力资本理论

关于教育对生产力贡献的认识，在一个相当长的时间内处于经验认识的水平。虽然早在20世纪20年代已有研究者试图证明教育的经济贡献，但真正引起注意的是在20世纪60年代以后，特别是在"人力资本"理论形成以后。

传统的西方经济学把土地、劳动、资本看作生产的三要素，在一定时期内，生产的产量是由劳动、资本和土地三个基本要素的投入决定。但是，在第二次世界大战后，西方经济学家从决定经济增长的生产要素组合比例的分析中发现，影响经济增长的因素除了资本的投入和劳动的投入外还有其他因素在起作用，提出了人力资

本理论。该理论认为人力资本是现代经济增长的重要因素，甚至是首要因素。人力资本理论把这些因素归结为知识的进步，技术的改进和劳动力质量的提高。

1960年12月，美国经济学家舒尔茨（Theodore W. Schultz）在美国经济学第73届年会上所做的"人力资本投资"的讲演，被称为人力资本理论创立的"宪章"。人力资本理论的核心概念是"人力资本"，它指的是人所拥有的诸如知识、技术及其他类似的可以影响从事生产性工作的能力，它是资本的形态，因为它是未来薪水和报酬的源泉，它是人的资本形态。

人力资本是相对于物质资料资本而言的，它也是一种生产要素资本，对促进生产起着重要作用。并且与物质资本相比，在经济活动中是更活跃、更具有发展特性的因素，在现代经济中，常常是更具有关键性的因素。

人力资本投资包括学校教育、职业训练、卫生保健及适应就业机会变化而进行的信息搜寻等形式，所有这方面的投资都或多或少地改善和提高知识、技术、健康等人力品质，从而提高生产力，增加金钱和精神收益。

舒尔茨根据人力资本理论，通过教育资本储藏量的分析方法，推算教育对国民收入增长的贡献。教育基本储量是指国家在某一时期内教育支出的总额，因为教育支出是一种投资活动，教育支出与教育资本的形成与国民收入有密切关系。所以，要探讨教育对经济增长的贡献，可从测定教育资本储量入手。舒尔茨首先计算出美国1929年积累的教育资本总额为1800亿美元，1957年增长至5350亿美元，1929年每个劳动力平均的教育资本是3695美元，1957年增长至7868美元。这说明劳动力教育水平的提高，凝结在每个劳动者身上的教育资本量增加了。通过计算美国1957年比1929年增加的教育投资总额，舒尔茨推算出教育水平对国民经济增长的贡献是33%。

三、教育与科学技术的关系

（一）科学是关于自然、社会和思维的知识体系，又是探索真理的认识活动，还是一种社会确立的某种共同规范和独特的精神气质。

技术是根据生产实践经验和科学原理，发展而成的各种工艺操作方法与技能。它还物化在生产工具、设备中，体现在对生产程序的策划、规定上。

科学与技术是相辅相成的，在现代，科学转化为技术的周期有越来越短的趋势。

1. 科学技术对教育的可能影响

科学技术对教育的影响，首先表现在对教育的动力作用，教育事业是一项传统性很强的事业。在历史上教育的某一形态一旦形成，往往几十年、几百年一脉相承；而科学却是活跃的、革命性的。进入现代社会以后，科学已成为第一生产力，成为整个社会发展的强大动力。科学的发展为教育提出新的要求和挑战，冲击教育的习惯领域。导致教育中的新与旧、先进与落后的矛盾斗争，最终促使教育的革新与发展。其次，科学的发展不为对教育的发展提供动力，而且还能为教育的发展指明方向，预示结果，引领教育循着科学的轨迹方向前进。具体地说，科学对教育的作用表现为：

（1）科学能够改变教育者的观念。科学发展水平决定了教育者的知识水平和知识结构，影响到他们对教育内容、方法的选择和方法的运用，也会影响到他们对教育规律的认识和教育过程中教育机制的设定。

（2）科学能够影响受教育者的数量和教学质量。一方面，科学发展正日益揭示出教育对象的身心发展规律，从而使教育活动遵循这种规律；另一方面，科学的发展及其在教育上的广泛运用，使受教育对象得以扩大。每次科学技术的发展都极大地促进了教育质量的发展。

（3）科学要渗透到教育活动的所有环节中去，为教育资料的更新和发展提供各种必要的思想基础和技术条件。学校类型规模的扩展，教育设施的兴建，教育内容的记载与表达方式，教育用具与器材的创造等，都离不开科学的作用。

2. 可能的影响转化为现实的影响

但是科学技术并不能自动对教育发生影响。而关键在于科学因素能否进入教育过程。

（1）科学技术以理论形态进入教育领域，影响教育者的思想观念、思维方式和教学能力，影响教学的内容。

（2）科学物质以物质实体和操作程序的方式进入教育领域，引起教育的物质资料更新，从而促进教育的发展。

（3）科学技术以其特有的方法、手段的形式进入教育领域，并引领创新。

（二）教育对科学技术发展的作用

科学技术的发展推动教育的发展，制约着教育发展的水平；同时，教育也对科学技术的发展起着重要作用。

1. 教育对科学知识的再生产。教育对科学创造的成果要经过合理的加工和编排，传授给更多的人，尤其是传授给年轻一代，使他们能够掌握前人创造的科学成果，为进行科学知识的再生产打下基础。

2. 教育推进科学的体制化。科学研究活动只是少数人的智力游戏活动，是为了满足好奇心。17、18 世纪以后，出现了职业的科学家，出现了专门的科学研究机构，被称为"科学的体制化"。它与教育尤其是高等教育有着密切的关系，因为最初很多科研机构是建在大学里的。

3. 教育具有科学研究的功能。教育在传播科学知识的同时，也从事着科研工作，这在高校里尤为突出。据 1986 年统计，美国的科学家被大学聘用的占全部科学家的 40%，美国大学担负了全国基础研究的 60%，应用研究的 15%；联邦德国的大学承包了全国基础研究的 75%；在日本，则是大学承担基础研究，国立研究机构承担应用研究，民间企业承担开发研究的科研体制。在中国，全国共有 800 所高校承担着科研任务。1995 年，高校承担的国家科学基金项目占总数的 60%，获得了国家自然科学奖的占二分之一和国家发明奖的占三分之一。

4. 教育向科学提出将科学成果转化为教育上应用技术的要求，从而丰富科学技术的活动，扩大科学技术的成果。比如，多媒体技术、电脑软件技术在教育上的广泛应用，对推进相关科学和技术研究有直接作用。

（三）信息科技革命与教育

以互联网、人工智能、大数据平台、5G、云计算等 IT 技术为核心的新科技革命正不断深化，这是一场信息革命，这场革命正推动着社会生产力基础性的变化并以前所未有的惊人速度向前发展，推动着社会的政治、经济和文化发生着深刻的变革。同样这场革命对教育也提出了巨大的挑战，为教育提供了一个迈向新阶段的机遇，深刻改变着人们关于教育的固有观念。

能力比知识更重要。知识的急速增长要求人们学会学习，能力教育比知识教育更重要，方法教育比结果教育更重要。

教学形式个别化。由于新型教育技术的广泛应用，传递教学内容的途径将发生重大的改变，尤其是现代信息技术的普及，能够确保学生在自己方便的时候和方便的地点学习这些内容。他们可以按照教学要求自定学习进度计划，并且能够运用计算机进行自我测评。

培养目标个性化更加受到关注。新技术革命使得传统工业的标准化、规范化转向非标准化和多样化。

强调对学生创新能力的培养。科学技术的迅速发展，使得知识的创造与传播成为社会发展的主要动力，使人类进入知识经济的时代。它要求人们发挥自己的主动性和创造性。积极应对世界的变化，由此要求教育注重学生创新能力的培养。

四、教育与文化的关系

从广义上说，教育也是文化的一部分，它受到文化中其他因素的影响，同时它也对整个文化起着保存、承传、改造、创新的作用。按照英国人类学家爱德华·泰勒（Edward B·Tylor）对文化的定义 ："文化是一个复合的整体，其中包括知识、信仰、艺术、道德、法律、风俗以及人作为社会成员而获得的任何其他能力和习惯。"从形态上分，可以把文化分成物质文化、制度文化和精神文化。物质文化是表现在饮食、服装、建筑、工具等物质实体上的特征 ；制度文化是表现在法律、行政、管理观念与形式、社会中各种类型的人与人关系上的特征；精神文化包括文学、艺术、语言、宗教等方面的特征，更表现为思想方式和价值取向的特征。在文化的诸因素中，价值观处于核心地位。

（一）教育与文化的承传、改造和创新

1、教育与文化的承传。

人类文化的传承经历了三个历史阶段。第一阶段，文字出现之前，文化主要依赖同代人和上下代人之间的口耳相传而获得传递和保存；第二阶段，文字出现以后，文化的传承除了口耳相传外，更依赖于文字记载和有系统的教育；第三阶段，人类通过包括教育在内的多种途径传承文化，教育的重心已转移到帮助人们掌握浩瀚文化海洋中的最基本的要素，和选取、使用、储存、创造文化的基本手段、基本方法。由于这些手段和方法越来越复杂和精细，文化的传承就越来越依赖于系统的教育。

2、教育与文化的改造。

改造是指在原有要素的基础上，进行选取和调整。教育与文化的改造表现为选择文化和整理文化两种形式。

（1）教育对文化的选择。

在人类文明的早期，文化是封闭的和单一的，随着生产力的发展，社会交往的增加，不同文化间的交流和冲突也随之增加。这便出现了对文化进行选择的要求。现代教育对文化的选择主要通过对教师的选择、对教育方式方法的选择来实现。这种选择主要包括：第一，选择社会的主流要素和基本精神，如语言、价值观念、思维方式；第二，选择能有效促进学生多方面发展的基本文化要素；第三，选择有利于科技进步、生产发展和生活质量提高的实际应用效率较高的文化要素。

（2）教育对文化的整理。

教育特别是学校教育之所以具有整理文化的功能，首先是因为它本身具有整理文化的需要。浩繁的文化与年轻一代学习文化的身心特点，决定了只有经历精心选择和整理，才易于被年轻一代理解和接受。其次是因为教育者具有整理文化的能力，他们不仅具有渊博的知识，而且懂得人类掌握文化的基本特点，经过他们整理的文化更易于被掌握。

（3）教育对文化的创新。

文化创新是新文化的特质增长的过程，在浩瀚瑰丽的文化宝库中，教育上的发明、发现和创造，构成了增加世界文化总量不可缺少的组成部分。新的教育思想、学说和方式方法是世界总体文化创新的一个有机组成部分；现代教育为文化的不断更新发展提供大量的具有创造力的人才，现代教育的许多活动都已与科技发明、文化更新融为一体。

（二）教育与文化的价值取向

价值取向是文化的核心内容，价值取向对人的思想、态度、行为倾向等具有统领作用和整合作用，当今世界各国都十分重视对年轻一代拥有正确的教育价值观。

一个人价值观的形成，与他的生活经历、周围环境有着密切的关系，而这种经历和环境渗透着文化传统中价值取向的巨大影响。中国是一个具有悠久的儒家文化传统的国家，儒家文化的价值取向一直对我国的教育、对年轻一代价值观的形成有不可忽视的影响。在中国传统文化的价值观念中，有许多值得发扬的因素，它们是建设社会主义精神文明的重要来源。比如团结友爱、尊师重教，注重集体利益、反对个人扩张，注重精神追求、反对受小利驱使，注重人格气节、反对见利忘义等，都是今天依然要发扬的。但在当代的总体评价上和对待传统的价值取向，是一个比较复杂的问题。应在面向世界、面向未来、面向现代化的前提下，发扬优良传统，摆脱传统中的消极因素。学术界普遍认为，中国传统的价值取向有三个明显的方面需要改变，即在认知上具有重传统与权威的取向；在人事上具有重功名的取向；在道德上具有重"忠孝"的取向。

1、重传统、重权威的价值取向对教育过程中师生关系的影响。

在中国历史上孔子虽然提出过"当仁不让于师"，但真正支配中国师生关系的观念是师道尊严，即在教育与教学中无原则地服从教师的权威，在教学中，强调教师的教学过程和作用，忽视学生的过程和作用；教师倾向于按事先安排好的方案教学，而不习惯于根据学生的实际情况灵活地安排；教师习惯于向学生提问，而不习惯于被学生提问；在思想教育方面，习惯于"教导"，而不习惯于平等地与学生交流；在班级管理上，习惯于发号施令和监督处罚，而不习惯于引导学生的参与意识与自我管理。由于长期处于被动的地位，我国的学生很多具有自信心不足，主动性、独立性、自觉性和进取性不足的弱点，而这些特点是现代人非常需要的品质。

2、重功名的价值取向对中国当代的教育价值观和教育质量观的影响。

中国的科举制度是一种教育制度，更是一种选士制度。这种制度的长期实行，在中国人的头脑中形成了根深蒂固的"万般皆下品，唯有读书高"的官本位观念。这种观念反映在教育价值观上，就是把能否培养出"当官的""出名的"人作为评价教育是否成功的标准；反映在教育质量上，就是把能否培养出少数"尖子学"生看作是教育质量高低的标准；把考入高等院校人数的多少，看作是教育质量高低的标准。这种观念对现代的消极影响是，片面强调智育，而忽视德育、体育等诸方面的全面发展；在智育中，片面强调书本知识，忽视学习能力和创造能力的培养，忽视兴趣、情感、意志、个性等非智力因素的培养；片面强调少数尖子生的培养，而忽视面向全体学生的教育质量的提高。

3、重"忠孝"的价值取向对当代中国学生的影响。

《礼记》中说："何谓人义？父慈、子孝、兄良、弟悌、夫义、妇听、长惠、君仁、幼顺、臣忠，十者谓之人义。"这段话大概勾勒出"移孝为忠"的推演过程。从价值取向的角度看，不论孝还是忠，都表现为一种建立在血缘和等级基础上的服从关系。这种价值取向影响着学生的态度，影响着学生价值观的形成。在大多数的教师和家长的眼中，顺从、听话、老实，一直被看成是好学生的重要标志。而那些有自己的独立见解敢于发表反对意见的学生，往往被视为不好的学生。

（三）校园文化

学校里面的文化就叫作校园文化。

校园文化是社会的一种文化，是学校在自身的发展过程中有意无意形成的独特的文化形态，校园文化可以划分为校园物质文化、组织制度文化、精神文化以及课程活动文化等。

校园的物质文化包括如校园环境、教育场所、设备设施等。

组织制度文化包括组织的层次和形态、规章制度以及角色规范等。

学校的精神文化是校园文化的核心。精神文化有认知的成分，如学校群体的构成和个体化的教育目的、教育过程、规律的认识；有情感的成分，如学校成员对学校、师生的依恋、认同、热爱，对所在学校的责任感、归属感、优越感等是积极情感的典型表现；有价值成分，如学校共同推崇的价值取向；有理想成分，如校训、校歌中所表达的目标。这些因素的相互作用，会构成某一学校的独特校园风格。

校园文化影响学校的办学方向和活动方式，会渗透到每一个在校成员的精神和行为方式中去，形成良好与独特的校园文化对办好一所学校有重要的意义。

第三节 教育与人的成长

促进人的身心发展是教育的直接目的，个体身心的发展，个性的发展在相当大的程度上依赖于教育。另一方面，个体的身心发展状态又是教育的行为依据，能否遵循人的身心发展规律则是教育工作能否达到预期目的的关键。

个体身心发展是指作为复杂整体的个人从生命开始到生命结束的全部人生过程中，不断的发生变化过程，特别是指个体的身心特点向积极方面变化的过程。这是人的各方面的潜在力量不断转化为现实个性的过程。

一、人的身心发展特殊性

（一）人是社会人，人是在社会环境中发展的。

在社会环境中，不仅存在着与每个个体有不同性质、不同联系程度的各类群体，而且还存在着人的创造物和各种创造性工具。个体的人只有参与社会实践，才能生存与发展。认识身心发展的社会实践性，可以使我们不仅重视学校的教育，而且还重视每个学生社会实践活动的质量。

（二）人的身心发展具有能动性

人具有认识和改造外部世界的能力，人还有认识和改造自己的能力，人具有自我意识，发展到一定阶段的人，具有规划未来的能力。人的能动性能否较好地发挥，是一个人的发展能否达到较高水平的重要因素。对人的潜在能力充分信任，对社会实践在人的发展重要作用高度重视，是学校教育个体发展功能正常发挥的重要认识前提，也是我们教师在教育活动中促进学生发展的基本要求。

二、个体身心发展的动因

人的身心发展的动力是什么？对这个问题不同的观点有不同的回答。

（一）内发论

内发论者一般强调人的身心发展的力量主要源于人自身的内在需要，身心发展的顺序也是由身心成熟机制决定的。孟子可以说是中国古代内发论的代表。他认为人的本性是善的，万物皆备于我心，人的本性中就是恻隐、羞恶、辞让、是非四端，这是仁、义、礼、智四种基本品行的根源，人只要善于修身养性，向内寻求，这些品行就能得到发展。现代西方的内发论者进一步从人的机体需要和物质因素来说明内发论。如奥地利精神分析学派的创始人弗洛伊德（S. Freud 1856-1939），认为人的本能是最基本的自然本能，它是推动人发展的潜在的、无意识的、最根本的动因。美国当代生物学、社会学家威尔逊（E. O. Wilson 1929-?）把"基因复制"看作是决定人的一切行为的本质力量，而美国心理学家格塞尔（A. Gesell 1880-1961）则强调成熟机制对人的发展的决定作用，他认为，人的发展基因决定特定的支配顺序，完成了一系列顺序后机体达到成熟，教育要想通过外部训练抢在成熟的时间表前面形成某种能力是低效的甚至是徒劳的。格塞尔不仅认为人的机体机能的发展程序受到生长规律的制约，而且"所有其他的能力，包括道德都受到成长规律支配。"

（二）外铄论

外铄论的基本观点是人的发展主要依靠外在的力量，诸如环境的刺激和要求、他人的影响和学校的教育等。对于人自身的因素，有的认为是需要改造的，如我国古代性恶论的代表人物荀子就持这样观点。有的认为人的心灵犹如一块白板，他本身没有内容，可以任人涂抹，外部的力量决定了人的发展状况，英国哲学家洛克的"白板说"是一个典型的代表。外铄论的另一个典型代表是美国行为主义心理学家华生（J. R. Watson）。他甚至这样说，给他一打健康的婴儿，不管他们祖先的状况如何，他可以任意把他们培养成从领袖到小偷等各种类型的人。由于外铄论者强调外部力量的作用，一般都注重教育的价值，对教育改造人的本性、形成社会所要求的知识、能力、态度等方面，都持积极乐观的态度。他们关注的重点是人的学习：学习什么和怎样才能有效地学习。

（三）在个体活动中多因素相互作用论

辨证唯物主义认为，人的发展是个体的内在因素（如先天遗传素质、机体成熟的机制）与外部条件（如外在刺激的强度、社会发展的水平、个体的文化背景等）在个体活动中相互作用的结果，人是能动的实践主体，没有个体的积极参与，个体的发展是不能实现的。在主客观条件大致相似的情况下，个体主观能动性发挥的程度，对人的发展有着决定性的意义。因此，我们把实践、把个体积极投入实践的活动，看作内因和外因对个体身心发展综合作用的汇合点，也是推动人身心发展的直接的、现实的力量。根据这样的观点，教育活动中主客体之间的关系、师生之间的关系，激发学生主动积极地参与各种教育活动自然受到特别的重视。

三、个体身心发展的一般性规律

人体的身心发展遵循着某些共同的规律，这些规律制约着教育工作的运作。遵循这些规律，利用这些规律，可以使教育工作取得较好的效果。反之，则可能事倍功半，甚至挫伤学生的积极性。

（一）个体身心发展的不平衡性

个体身心发展的不平衡性表现在两个方面，首先是同一方面的发展速度，在不同的年龄阶段的变化是不平衡的。例如，青少年在身高体重发育方面有两个生长的高峰，第一个高峰出现在出生后的第一年，第二个高峰则在青春发展期。在这两个高峰期内，身高体重的发展比平时要迅速得多。

发展不平衡的第二个方面是不同方面发展的不平衡。有的方面在较早的年龄阶段就已达到较高的发展水平，有的则要到较晚的年龄阶段才能达到成熟的水平。如在生理方面，神经系统、淋巴系统成熟在先，生殖系统成熟在后。在心理方面，感知成熟在先，思维成熟在后，情感成熟更后。

人的身心在不同方面有不的发展期的现象，越来越引起心理学家的重视，心理学家提出了发展关键期或最佳期的概念。

所谓发展关键期是指身体或心理的某一方面机能和能力最适宜于形成的时期。在这一时期中，对个体某一方面的训练可以获得最佳成效，并能充分发挥个性在这一方面的潜力。错过了关键期，训练的效果就会降低，甚至永远无法补偿。

（二）个体身心发展的顺序性

个体身心的发展在整体上具有一定的顺序，身心发展的个别过程和特点的出现也具有一定的顺序。 比如，身体的发展遵循着从上到下、从中间到上肢、从骨骼到肌肉的顺序发展心理的发展总是由机械记忆到意义记忆，由具体思维到抽象思维，由喜怒哀乐等一般情感到理智感、道德感、美感等复杂情感。瑞士心理学家皮亚杰关于发生认识论的研究，揭示了个体认知发展的一般规律，即按照感知运算水平、前运算水平、具体运算水平、形式运算水平顺序发展的特征。美国心理学家柯尔柏格的研究证明，皮亚杰的发生认识论在个体的道德认知过程中，也具有普遍的推广意义，人的道德认知遵循着从前世俗水平到世俗水平再到后世俗水平的发展过程。这些研究结论对于教育工作有非常重要的意义。

（三）个体身心发展的阶段性

个体在不同的年龄阶段表现出身心发展不同的总体特征及主要矛盾，并面临着不同的发展任务，这就是身心发展的阶段性。前后相邻的阶段是有规律地更替的，在一段时期内，发展主要表现为数量的变化，经过一段时间，发展由量变到质变，从而发展水平达到一个新的阶段。青少年身心发展的年龄特点，是在发展的不同阶段中形成的一般的、典型的、本质的特征。当然，不同发展阶段之间是相互关联的，上一阶段影响着下一阶段发展方向的选择，所以，人生的每一阶段对于人的发展来说，不仅具有本阶段的意义，而且具有人生全过程的意义。

（四）个体身心发展的互补性

互补性反映个体身心发展各组成部分的相互关系，它首先指机体某一方面的机能受损甚至缺失后，可通过其他方面的超常发展得到部分补偿。如失明者通过听觉、触觉、嗅觉等方面的超常发展得到补偿。机体各部分存在着互补的可能，为人在自身某方面缺失的情况下依然能与环境协调，从而为能继续生存和发展提供了条件。

互补性也存在于心理机能和生理机能之间。人的精神力量、意志、情绪状态对整个机体能起到调节作用，帮助人战胜疾病和残缺，使身心依然得到发展，我们身边有很多这样出色的人物。相反，如果一个人的心理承受能力太差，缺乏自我调节能力和坚强的意志，那么，就算不是很严重的疾病或磨难也会把他击倒。互补性告诉我们，发展的可能性有些是直接可见的，有些却是隐现的，培养自信和努力的品质是教育工作的重要内容。

（五）个体身心发展的个别差异性

个体差异性在不同层次上存在。从群体的角度看，首先表现为男女性别的差异，它不仅是自然性上的差异，还包括由性别带来的生理机能和社会地位、角色、交往群体的差别。其次，个体差异表现在身、心的所有构成方面。其中有些是发展水平的差异，有些是心理特征表现方式上的差异。需要说明的是，个体发展水平的差异不仅是由于个人的先天素质、内在机能的差异造成的，还受到了环境及发展主体在发展过程中的努力程度和自我意识水平的影响。

自主选择方向的影响。在教育工作中发现和研究个体间的差异特征，做好因材施教工作是非常重要的。

二、教育对人成长的作用

人的成长即个体身心发展的水平受到多种因素的影响，主要是受到遗传、成熟、环境和个人实践活动的影响，学校教育是一种特殊的环境，它对个体的发展有着特殊的意义。

（一）遗传对个体发展的影响

1. 遗传素质为个体的身心发展提供了可能性

遗传素质是人的先天素质的构成部分，但不是全部。每个人先天素质中还有与父母不同的独特因素。遗传是从上代继承下来的生理特点，如机体的结构、形态、感官和神经系统等特点，也叫遗传素质。如果没有这些自然条件，个体的发展便无法实现。健康的身体是一名优秀运动员的生理前提，正常的智力是一名科学家的基本心理素质要求，先天有肢体缺陷，很难成为优秀的竞赛运动员；先天双目失明，也不大可能成为出色的画家。个体的智力、情感、意志方面具有先天的心理特征，也会对他后天的学习和社会的成功产生很大的影响。

但遗传素质并不会直接转变为个体的知识、才能、态度、道德品质等，如果离开了后天的社会生活和教育，遗传素质所给予人的发展可能性便不能成为现实。

2. 遗传素质的差异对人的身心发展有一定的影响作用

个体的遗传素质是有差异的。个体遗传素质的差异不仅表现在体态、感觉器官方面，也表现在神经活动的类型上。婴儿一出生，就会有不同的表现，有的安静，有的大哭大闹；一两岁的儿童对外部世界的反应就有快有慢，有的敏感，有的迟钝。现代遗传学的研究证明了遗传基因的物质基础在于核糖核酸和脱氧核糖核酸的排列结构及其活动差异。一个先天禀赋优异的儿童，如果后天得到良好的教育，在某些方面发展得更快、更好是完全可能的；一个天生的弱智儿童，对他的发展自然是非常不利的。据中国科学院心理研究所对22.8万名儿童的调查发现，低能儿占同龄儿童的3%—4%，而低能儿童中有50%以上是先天因素造成的。所以，我们不承认遗传对人的发展的影响是客观存在是不行的，我们需要关心的是怎样创造条件使具有先天素质的人得到尽可能充分地发展。

（二）成熟对个体发展的影响

人具有某些先天素质，是在发展过程中逐步成熟的，人身体的各种器官的构造和机能在出生时是很不完备和孱弱无力的。个体的器官和整个系统的结构、功能都随年龄而发展。

人的机体成熟程度制具有约身心发展程度特点，它为一定年龄阶段出现的身心特点提供了可能和限制。有些早期运动机能在获得时直接建立在成熟的生理基础上的。在这方面，格塞尔的双生子爬楼梯实验能很好的说明这一点。它以一对满 46 周的同卵双生子为被试，其中之一先做每天 10 分钟的爬梯训练，共 6 周。然后测量两个孩子爬同一楼梯所需要的时间，结果是，受训儿 26 秒，未受训儿 45 秒完成爬楼梯的任务。然后当这对双生子满 52 周时，在对他们同时进行为期两周的相同爬梯训练。测量结果是，他们只用 10 秒就完成了爬梯任务。格塞尔据此提出了个体发展的成熟决定论。这虽然夸大了成熟的作用，但教育中充分重视成熟的意义非常必要。成熟的作用在思维、情感、个性等高级心理活动中也同样有不可忽视的影响。

（三）环境对个体发展的影响

环境泛指个体生活之中，影响个体身心发展的一切外部因素。若按环境的性质来分，环境可分为自然环境（包括自然条件和地理环境）和社会环境（包括政治、经济、文化以及与个体相关的其他社会关系）。若按环境的范围分，可分为大环境（指个体所处的总体自然环境与社会环境），如某一国家、某一地区和小环境（与个体直接发生联系的自然环境与社会环境），小环境如一个家庭、一个学校。在同一国家和地域内，人们的大环境通常相差不大，但小环境却千差万别。通常人们很难改变大环境，但小环境却随个体自身的活动和选择而改变。小环境对个体的影响更为直接，所以，教育者更多地把注意力集中在小环境上，但由于社会的变化不断加快，社会通讯、交往手段更加丰富和便利，大环境对人尤其是对青少年的影响也不容忽视。

环境对个体发展的影响表现在如下方面：

为个体的发展提供了多种可能，包括机遇、条件和对象人生活在不同的环境中，这些环境所提供的条件并不相同，对个体发展的意义也不相同，因而不同环境中人的发展有很大区别。但个体对环境的作用也不是消极的，处在同一小环境中的个体，其发展水平也不会相同的。个体对环境持积极态度，就会挖掘环境中有利于自己发展的因素，克服消极的阻力，从而扩大发展的天地。所以教育者不仅要注意为受教育者的发展提供较有利的条件，更要培养受教育者认识、利用和超越环境的意识和能力。

环境对个体发展的影响有积极和消极之分在同一环境中，各种因素作用的方向、力量的大小是不相同的。对于教育者来说，分析、综合利用环境因素的积极作用并抵制消极影响是极其重要和困难的工作。教育需要研究如何既保持校园小环境的有利条件，又积极加强与社会的联系，充分利用社会的有利教育力量。

（四）学校教育在个体发展中的特殊功能

学校教育是由承担责任的教师和接受教育的学生共同参与和进行的，这是学校活动中主体的特殊性。学校教育的环境具有极大的人为性，具有明确的目的、有指定的教育内容和活动计划、有系统的组织和特殊的教育条件。学校弥漫着科学、文化和道德规范的气息。这些构成了学校教育环境的特殊性。从个体活动的角度看，学校中的个体活动与其他社会活动的区别，在于有教师的指导，活动的结果还要接受检查。这种特殊性使学校在影响人的发展上具有独特的功能：

学校教育按社会对个体的基本要求，对个体发展的方向与方面做出社会性规范社会对个体的要求和期望有体质、思想道德、知识能力等方面，并提出一系列规范。学校根据这些要求，针对不同年龄、不同专门人才培养的要求而作相应的变化，并有意识地以教育目的和目标的形式去规范学校的其他工作，通过各种教育活动促使学生达到规范的目标。

学校教育具有加速个体发展的特殊功能学校教育目标明确、时间相对集中、有专人指导并进行专门组织的教育活动。此外，学校教育使个体处在一定的学习群体中，个体之间发展水平有差异，这也有助于个体的发展。如果学校教育能正确判断学生的最近发展区，这种加速作用将更明显、更富有成效。苏联心理学家维果茨基的研究揭示：教育对儿童的发展能起主导作用和促进作用，但需要确定儿童发展的两种水平，一种是已经达到的发展水平，表现为儿童能够独立解决智力任务，另一种是儿童可能达到的发展水平，表现为"儿童还不能独立的解决任务，但在成人的帮助下，在集体活动中，通过摹仿，却能够解决这些任务"。这两种水平之间的距离就是"最近发展区"。把握好最近发展区，能加速学生的发展。

学校教育，尤其是中小学的基础教育对个体发展的影响不仅具有即时的价值而且具有延时的价值。学校教育的内容大部分具有普遍性和基础性，即使专门学校的教育内容，也属该领域内普遍和基础的部分，因而对人今后的进一步学习具有长远的价值。此外，学校教育提高了人的需求水平、自我意识和自我教育的能力，这对人的发展来说，更具有长远的意义。

学校教育具有开发个体特殊才能和发展个性的功能在开发特殊才能方面，普通学校教育内容的多面性和同一学生在集体中、学生间表现的才能差异性，有助于个体特殊才能的表现与被发现。在个性发展方面，因为学校教师和领导具有教育学和心理学方面的素养，这有助于他们发现学生个性价值，并且尊重和注重学生个性的健康发展。同时，学生在群体中的生活也有助于每个人从他人身上吸取闪光点，丰富自己的个性。

当然，学校教育对个体特殊才能的发挥，不是没有条件的，它要求学校按照教育规律办事，并且积极协调各方面的影响。

三、教育对人类的价值

教育使得人与动物的距离越来越远，使得人的价值得到越来越充分的体现，使得人的个体发展空间越来越大。

（一）教育对人的价值的发现

所谓人的价值，是指人在世界中的地位得到肯定，人的作用得到发挥，人的尊严得到保证。但是，在人类历史上，人的价值并不是一开始就能被发现和认识的。原始社会的人，经常处于客观力量的威胁下，因而总觉得自己软弱无力，看不到自己已有的和应有的地位与作用。奴隶社会是一匹马可以换几个奴隶的时代，作为奴隶，毫无人的地位和尊严可言。封建社会作为农奴的人，也只能过着被剥削、被压迫的生活，人身没有自由。直到资本主义早期人本主义思潮的出现和抬头以后，才开始听到关于对人的价值的呼唤。但几百年来，人的价值始终没有摆脱资产阶级统治的桎梏。即使到本世纪后期，对人的价值的肯定仍然受到种种干扰。现代科学技术的发展，人的尊严又受到被生产流水线、电脑程序、管理程序奴役的风险。教育有责任不断提高人们对自身价值的认识，提高人们对人与人、人与社会、人与自然关系的认识；充分认识到人的生命价值，人的主体地位，人的个体独特尊严。教育不仅要教给人们知识和技能，而且要教会人们驾驭知识技能、要教会人们怀疑知识技能。应该使人们清醒地认识到，知识是为人所用的，而不应该由知识反过来奴役人。

（二）教育对人潜能的发掘

每个人生来都具有一定的潜能，甚至是巨大的潜能。潜能是人区别于动物的重要标志，是能够把尚未成熟的人培养为成熟的人、把平凡的人培养成出色的人的可能性或前提条件。但人的潜能很少能自动表现出来，潜能的充分发挥，必须通过教育、学习才能实现。教育者必须具备的一个重要观点是，当具备了某种条件时，人的潜能会得到超常的发挥。充分认识学生潜能存在的事实及价值，尽可能地使学生的潜能得到发掘，是教育工作者应该努力追求的目标。

（三）教育对人的力量的发挥

人的力量既有身体的力量，更有精神的力量。人类早期在与自然的斗争中，主要是依靠人身体的力量，历史上流传着无数力大无比的英雄故事。但人与动物的区别，人的根本力量，在于人具有精神力量。它能创造和使用工具以增强人自身的生存能力；它能认识世界和改造世界，以实现和满足人的各种需要；它能认识自己和改造自己，以发展和完善人的自身。人的精神力量发展只有通过教育才能实现。教育不仅需要分别培养人的身体之力和精神之力，而且要力图使人的身心得到和谐地和尽可能充分地发展。

4. 教育对人的个性的发展

个性亦称人格，指个人稳定的心理特征。具有整体性与独特性。个性又是人的共同性与差别性在每个个体身上的具体统一。发展个性，是要在人的共同性的基础上，充分把人的差别性表现出来，从而使每个人都具有自主性和独特性，实现生命的个体价值与社会价值。发展人的个性是教育的理想。就我国学校教育的多数情况来说，是重视共同性有余，而重视差别性不足。

四、教育对学生成长的推动

（一）少年期的年龄特征与初中教育的个体发展任务

1. 少年期的年龄特征

12—15岁左右，只有三、四年的时间属个体发展的少年期。但在人生的过程中，这是一个身心变化剧烈的时期。少年常常因为缺乏认识和准备，被突如其来的身心变化搞得惊慌失措。有些心理学家把少年期称为"危机期"或"心理断乳期"，意味着在这一时期，儿童将从心理上摆脱对成人的依赖，表现出追求独立的倾向。

身心状态的剧变，内心世界的发现，自我意识的觉醒，独立精神的加强，是少年期表现出的总体阶段特征。这些个体自身的变化同时也改变了少年与外部世界的关系，包括与成人的关系。它不再愿意做被动的适应者、服从者、模仿者、执行者，而是力求成为生活中主动的探索者、发现者与选择者，这是人生过程中由单纯对外部生动形象世界地探究到关注内部精神世界变化的转折时期。

2. 初中教育的个体发展任务

少年期的年龄特征决定了初中教育在个体发展阶段的重要性和艰巨性。教师必须与对人性似懂非懂，渴求自主、力求摆脱成人的少年打交道，如果没有正确的少年引导观，没有高水平的教育艺术与机智，要出色地完成教育任务是困难的。

总的来说，初中教育在促进少年身心发展方面的任务可形象地比喻为"帮助少年起飞"。对少年独立的要求以尊重、支持和引导，丰富少年的内心世界，形成正确的自我意识和理想自我。在认知方面，初中阶段教育应重视抽象思维和概括能力的培养；在情感方面，应着重培养学生的道德理想和提供深刻的情感体验，这一阶段也是培养初中生自我认知能力的起始阶段。

（二）青年期的年龄特征与高中教育的个体发展任务

1. 青年期是个体身心两方面逐步走向成熟的时期。

人的社会化在青年期也基本完成，青年将取得公民的资格，成为正式的社会成员。青年期结束时，大多数青年对世界、事业、人生和自己都可能有较清晰和深入的思考，形成相对系统和稳定的见解，并对自己的未来作出重要的选择。因而，"未来"是青年期最重要的概念。在青年的理想中，最诱人的是事业、友谊、爱情和人生价值的实现，这使青年期成为人生最富有浪漫情调和锐气的时期，也是人生的定向时期，个性的定型时期和个体从准备投入社会生活向正式投入社会生活转变的时期。青年期是个体内在力量充实的时期，随着心理能力的成熟，他们形成了对外部世界和自己内部世界较清晰和深入的认识，更重要的是，在两种世界间建起了具有个人发展意义的桥梁。

2. 高中教育的个体发展任务

高中阶段是中学期间学习负担最重的时期，也是青年体质增强的时期，学校在保证学生身体健康和心理健康方面依然有着重要的责任。紧张的学习和升学或择业的心理压力可能带来身体的疾病，尤其是对神经系统和心血管系统的疾病。为此，学校要注意提高学生自我调节生活和心理状态的能力。

帮助青年正确认识和处理个人与社会的关系，这是使学生学会对今后人生道路作出正确选择的重要条件。为此，要解决认识问题和价值问题。这是高中阶段思想政治教育中的一个特殊任务。从认识方面看，高中生可能出现两类极端问题，一类是过分欣赏自我和苛刻社会；另一类是心理失衡，在认识上把社会理想化，对自己缺乏信心。在价值观上，青年也存在两种极端的表现，一种是以个人利益为中心，缺乏社会责任感、只想索取，不思奉献；另一种是看不到自己的独特价值，只求适应生存，不求发展创造。在这样一个重要时期，学校教育要使青年认清时代的要求、个人命运与社会发展的关系，确定远大而又切实可行的奋斗目标，找到实现自己抱负的现实道路。

第四节 教师与教育目的认知

一、关于教育目的

（一）概念与层面

1. 教育目的的概念

狭义的教育目的是指人们对受教育者的期望，即人们希望受教育者通过教育在身心诸方面发生什么样的变化，或者产生怎样的结果。国家和社会教育机构、学生的家长和亲友、教师等，都对新一代寄予各种各样的期望，这些期望都可以理解为广义的教育目的。

广义的教育目的是国家对教育各种类型人才的总的要求。各级各类学校无论具体培养社会任何领域和任何层次的人才，都必须努力使所有学生都符合国家提出的总要求。因此，教育目的对所有的学校都具有指导意义。不管学生有多大个别差异，如体质强弱不同，成绩高低不齐，兴趣爱好不一，学校都必须努力使他们符合国家提出的总要求。

2. 教育目的的意义

教育目的对一切教育工作的意义，决定了教育制度的制定、教育内容的确定、教育与教学方法的运用，无一不受教育目的的制约。教育目的是整个教育工作的方向，是一切教育工作的出发点，教育目的的实现则是教育活动的归宿。如果教育目的强调培养国家公民，教育体系遂有强调基础教育和注重培养民族情感的倾向；教育目的强调培育英才，教育体系遂有强调高质量教学和鼓励竞争的倾向；教育目的强调个性自由发展，教育体系遂有灵活多样和自由活泼的倾向教育目的的确定受教育价值观的支配，也与社会的发展水平与需要相关。

3. 教育目的的层面

教育目的是各级各类学校遵循的工作总方针，但不能代替各级各类学校对所培养人才的特殊要求，各级各类学校还有各自的具体工作方针，这便决定了教育目的的层次性。

教育目的与培养目标之间的关系是普遍与特殊的关系。我们掌握了制定教育目的的原理，就可以把这些原理用在培养目标的设定上。

培养目标是由特定的社会领域（如教育工作领域、化学工业生产领域、医疗卫生工作领域等）和特定的社会层次（如普通劳动者、熟练技术工人、管理人员、高级行政人员、专家等）的需要所决定的；也因受教育对象所处的学校级别（如初等、中等、高等学校）而变化。为了满足各行各业、各个社会层次的人才需求和不同年龄层次受教育者的学习需求，才有各级各类学校的建立。教育目的是对所有教育者提出的，而培养目标是针对特定的对象提出的，各级各类学校的教育有各自不同的特点，制定培养目标不可能不研究自己学校的学生特点。

课程目标是课程计划中各个学习领域（如语言文学、数学、科学、社会、艺术、体育等）和或这些领域之下的一些具体的科目（如历史、地理、物理、化学、生物等等）所规定的学生经过一段时间的学习之后应达到的要求（或标准）。某一级学校（如初中或高中）和某一类学校（如普通中学和职业中学）的一套课程计划的总目标，与上述培养目标几乎就是一回事，只是角度不同而已。

教学目标是教育者在教育教学（或者说实施课程计划）的过程中，在完成某一阶段（如一节课、一个单元、或一个学期）工作时，希望受教育者达到的要求或产生的变化结果。学校培养人的工作是长期的、复杂的而又仔细的，学校实现教育目的和培养目标不是一蹴而就的事，对学生的培养要靠日积月累。这就要求学校、教师将教育目的具体化，明确在某一时段内，教一门学科或组织一项活动时，希望学生在认知、情感、行动和身体诸方面需要达到的具体目标。

二、编制教育目的的理论依据

1. 教育目的的社会制约性

教育目的具有历史性、时代性、社会性，在阶级社会中有鲜明的阶级性。教育目的随着时代的变迁，社会条件的变化而变化。中国封建社会提出要培养"格物""致知""正心""诚意""修身""齐家""治国""平天下"的士；古希腊雅典代表贵族民主政治的人（如柏拉图）则主张追求高层次的教育应培养有理性的哲学家；古希腊的斯巴达在维护奴隶主武力征服基础上全民皆兵的统治要求，把教育目的定为培养坚毅、勇敢的武士；古罗马帝国要培养的是雄辩家；欧洲中世纪教会垄断学校教育，清一色地培养僧侣，直至11世纪后世俗领主才发展起他们的骑士教育；文艺复兴时期，人文主义者为冲破宗教神学和封建势力对人的束缚和控制，要求儿童"自行其事"，"愉快和自由的成长"；资本主义的生产方式逐渐发展起来以后，出于近代科学和资本主义兴起对科学知识的需要，培根提倡培养百科全书式的人物，夸美纽斯主张造就"泛智"的人；英国资产阶级与世俗贵族的妥协反映在教育上，便是绅士教育的目的；中国清末"废科举"、"兴学堂"，的中体西用，便提出了

"忠君、尊孔、尚公、尚武、尚实"的"新教育"目的；民国第一任教育总长蔡元培于 1912 年 7 月 10 日至 8 月 10 日的临时教育会议上，提出了"以公民道德教育为中坚，盖世界观其美育皆所以完成道德，而军国民教育及实利主义则必以道德教育为根本"的教育目的；1924 年，孙中山规定"全力发展儿童本位之教育"的方针，遵照这一方针，所要求达到的目的便是儿童个性的发展；1929 年，国民党政府为了维护统治，将教育目的改变为强调"忠、孝、仁、爱、信、义、和、平"。这些都说明，教育目的受到社会的政治、经济以及文化发展的制约。

（二）制定教育目的受制于特定的时代背景

教育目的受制于一定社会的政治经济以及整个社会的发展水平，受制于特定时代背景和文化特征，故不同国家、不同社会、不同地区的教育目的是不相同的，一个国家教育目的的制定往往有自己的轻重缓急，往往把社会对教育的最迫切要求与教育不能满足这一要求之间的矛盾，作为制定教育目的的中心问题。例如，中华人民共和国的成立结束了半封建半殖民地的旧中国悲惨命运，社会进入了一个和平建设的发展时期，旧社会留下来的学校需要加以改造才能适应新中国建设的需要。故而 1949 年我国订立的教育目标是"培养国家建设人才"；又如，在日本，当代科学技术竞争需要有大量具有丰富探索精神和创造性的人才，经济的繁荣和政治的民主化需要有独立性、自主性的个人，而日本的学校为升学的竞争所困扰，家长式的教育、"考试地狱"般的学校生活、填鸭式的教学成了个体发展的桎梏，于是日本教育界人士大声疾呼发展学生的个性，并把个性发展、丰富的创造能力列入 21 世纪的教育目的。再如，在许多发达国家，当经济增长加快，民主意识高涨，需要提高全民教育素质时，民主教育的思想变高涨，反映在教育目的上就是强调平等化和价值多元化；当国家竞争加剧，强调各方面尤其是科技实力时，就会强调教育质量，反映在教育目的上，就是强调英才教育和培养国家精神，所以说教育目的的制定既有共同性，也有个别性。

三、我国的教育目的

（一）教育目的表述：

建国以来，我国教育目的的表述经历过多次变动：

1957 年，在生产资料所有制的社会主义改造基本完成以后，毛泽东主席在最高国务会议上提出："我们的教育方针，应该使受教育者在德育、智育、体育几方面都得到发展，成为有社会主义觉悟的、有文化的劳动者。"

1982年，第五界全国人民代表大会第五次会议通过了《中华人民人和国宪法》，其中规定："国家培养青年、少年、儿童在品德、智力、体质等方面全面发展。"

1985年，《中共中央关于教育体制改革的决定》指出：教育要为我国的经济和社会发展培养各级各类合格人才，"所有这些人才，都应该有理想、有道德、有文化、有纪律，热爱社会主义祖国和社会主义事业，具有为国家富强和人民富裕而艰苦奋斗的奉献精神，都应该不断追求新知，具有实事求是、独立思考、勇于创造的科学精神。"人们经常把这一表述简称为"四有、两爱、两精神。"

1995年3月第八届人大三次会议通过的《中华人民共和国教育法》规定："教育必须为社会主义现代化建设服务，必须与生产劳动相结合，培养德、智、体等方面全面发展的社会主义事业的建设者和接班人。"

这几次关于教育目的的不同表述既反映了我国制定教育目的的基本精神，同时也体现了时代发展的要求。归纳起来有如下几个要点：

第一，国家要求培养的是社会主义的建设者和接班人，坚持政治思想素质、道德品质与文化素养的统一，这是反映教育事业价值取向的具有核心意义的部分。

第二，教育目的要求培养在道德、才智、体质等方面的发展，要求在脑力与体力两方面的发展，这是对教育对象身上要形成的各种素质及其结构的规定。

第三，培养受教育者的独立个性和创造精神日益受到重视，这是教育目的与时俱进，体现时代精神的部分。

（二）全面发展教育的基本组成

1. 德育

德育是培养学生正确的人生观、世界观和价值观，使学生具有良好的道德品质和政治素质，形成正确的思想方法和强烈的社会责任感的教育。

普通中学在德育方面的要求是：帮助学生初步了解马克思主义的基本观念和具有中国特色的社会主义理论；热爱社会主义祖国，自觉维护国家尊严和利益，继承和发扬中华民族的优秀传统，愿意为民族振兴和社会进步做贡献；具有民主和法制的意识，遵守国家法律和社会公德，能依据法律维护社会正义，自觉行使公民的权利和义务，对自己的行为负责，并具有强烈的社会责任感；正确认识自己，尊重他人，学会交流与合作，具有团队精神，理解文化的多样性，具有国际视野和全球意识。

2. 智育

智育是授予学生系统的科学文化知识、技能，发展他们的智力和学习有关非认知因素的教育。

普通中学在智育方面的要求是：帮助学生在小学教育的基础上，进一步学习和掌握适应时代发展所需要的基础知识和基本技能，形成收集、判断和处理信息的能力，发展思维能力、想象能力和创造能力，有浓厚的学习兴趣、强烈的求知欲望并养成良好的学习习惯，具有终身学习的愿望和能力。

3. 体育

体育是授予学生有关健康的知识、技能发展他们的体力，增强他们自我保护的意识和体质，培养参加体育活动的需要和习惯，增强其意志力的教育。

普通中学在体育方面的要求是：向学生传授基本的运动知识和技能，培养他们锻炼身体、讲究卫生的良好习惯，培养他们顽强的意志力，促进他们身体的正常发育和技能的成熟，加强他们的活动能力和身体素质，提高自我保健的意识和能力，形成他们强健的体魄，顽强的意志，健全的人格以及积极健康的生活方式。

4. 美育

美育是培养学生健康的审美观，发展他们鉴赏美、创造美的能力，培养他们的高尚情操和文明素养的教育。美育并不等于艺术教育，也不仅是"美学"的学习，它的内容比艺术教育与"美学"的学习要宽泛的多。

美育工作主要有三个方面的内容：

提高学生感受美的能力。指的是人对自然、社会中存在的现实美，对艺术作品的艺术美的感受能力。人对美的感受必然通过感觉器官，但又不限于某种器官，人实际上是用自己的全部感知能力和财富，用自己的生命体验感受美。所以，提高学生感受美的能力，从根本上会提高人的精神素养。

培养学生鉴赏美的能力。鉴赏美，包括鉴别和欣赏美。鉴别美主要是区分美与丑、文与野、优与劣，区分美的程度和种类。这里重要的是审美观的形成。欣赏美要求欣赏者具有美学的基础知识，懂得各种类型美的特征与形态的丰富性，领悟美所表达的意蕴和意境，从而达到"物我同一"的审美境界，并使人格和性情得到陶冶。

形成学生创造美的能力。个体把自己独特的美感，用各种不同的形式表达出来，这就是对美的创造。创造美的能力包括艺术美的创造，也包括生活美的创造。形成学生创造美的能力是美育最高层次的任务，它对实现人感受美和欣赏美的能力提高又有积极意义。对于大多数人来说，创造美的能力首先是创造实现生活中美的能力。例如，按美的规律对自己的劳动条件和劳动产品进行设计和加工；对居室、日用品、服饰等方面按美的观念做出选择与合理的配置；以自己的行为、表情、语言、仪态等方面的优美表现，创造交际方式的美等等。指导学生掌握艺术创造的知识和技能，形成艺术气质与艺术思维，特别是艺术的独创性和个人特征，则是美育的至高境界。

(5)劳动技术教育

劳动技术教育是引导学生掌握现代信息技术和现代生产的知识和技能，形成劳动观念和习惯，是一种具有初步创业精神和人生规划能力的教育形成。

普通中学在劳动技术教育方面的要求是：通过信息技术和通用技术知识的教学和相应的实践指导，使学生了解和初步掌握现代信息技术的方法和原理，学习一些现代生产的原理和技术，了解当地的资源状况和经济发展规划，以及国家的经济政策、法律，对当代不断更新的职业有一定的敏感和知悉，形成良好的劳动态度、劳动习惯以及初步的创业精神，能主动学习，自己规划人生道路。

五育之间既是相互独立又是相互联系的，他们的关系具有在活动中相互渗透的特征，在教育实践中，应坚持使学生在体、智、德、美、劳诸方面都得到发展，防止和克服顾此失彼的片面性，坚持全面发展的教育质量观。

第五节　教师与学生

一、教师的职业定位

教育是一种培养人的社会活动，教育系统是以人的集合为主要构成要素的社会系统。在诸多要素中，教师和学生是其最基本的要素。要研究教育系统，要研究教育系统中人的活动，首先必须研究教师和学生之间的关系。

（一）教师职业的性质

1. 教师职业是一种专业性职业，教师是专业人员

1966 年，联合国教科文组织在《关于教师地位的建议》中提出，教师工作应被视为一种专门职业，认为教师是一种具备经过严格训练且持续不断地研究才能获得并维持专业知识和专门技能的职业。1986 年 6 月 21 日，我国国家统计局和国家标准局发布了《中华人民共和国国家标准职业分类与代码》，将所有职业分为 8 大类、63 个分类和 303 个小类，其中教师列在"专业、技术人员"这一大类。

2. 教师是教育者，教师职业是促进个体社会化的职业

个体从自然人发展成社会人，是在学习人类经验消化、吸收人类文化的社会化

过程中逐步实现的。人类早期社会教化的主要承担者是部落、氏族首领和经验丰富的长者，随着社会的发展，产生了专门以教化年轻一代成为合格成员为己任的劳动集团——教师。他们根据一定的社会要求，有目的、有计划地向年轻一代传授人类长期积累的知识经验，规范他们的行为品格，塑造他们的价值观念，引导他们把社会要求内化为个体的心理素质，实现个体的社会化。

（二）教师职业的特点

不同职业的性质，使不同职业人员扮演的角色、承担的职责表现出不同的特点。教师职业的最大特点在于职业角色的多样化。角色是个人在一定的社会规范中履行一定社会职责的行为模式。每个人在社会生活中都同时扮演许多角色，但职业角色是相对单一的。而教师这一职业却具有多种角色特点。一般说来，教师职业的角色有：

1. 传道者角色

教师具有传递社会传统道德、正统价值观念的使命，"道之所存，师之所存也"。进入现代社会后，虽然道德观、价值观呈现出多元化的特点，但学校、教师的道德观、价值观总是代表着社会主导地位的道德观、价值观，并且用这种观念引导年轻一代。

2. 授业解惑者角色

唐代的韩愈在《师说》里说："师者，所以传道、授业、解惑也。"教师是各行各业人才的培养者，他们在掌握了人类经过长期的社会实践所获得的知识经验、技能的基础上，对其精心加工整理，然后以便于年轻一代学习掌握的方式传授给学生，帮助他们在很短的时间内，掌握人类几百年、几千年积累的知识，形成自己的知识结构和技能技巧。在他们遇到困惑时，启发他们的智慧，帮助他们解除困惑。

3. 管理者角色

教师不仅是传道、授业者，还是教育教学活动的管理者。教师对教育教学活动的管理，包括确定教学目标，管理班集体，制定和贯彻班级规章制度，维持班级纪律，组织班级活动，协调人际关系等等，并对教育教学活动进行控制、检查和评价。

4. 示范者角色

教师的言行是学生学习和模仿的榜样。夸美纽斯曾很好地揭示了这种角色特点，他说，教师的职务是以自己为榜样教育学生。学生具有向师性的特点，教师的言论、行动、为人处世的态度，对学生具有耳濡目染、潜移默化的作用。

5. 父母与朋友的角色

教师往往被学生视为自己的父母或朋友。低年级的学生倾向于把教师看做是父母的化身，对教师的态度类似于对父母的态度；高年级的学生则往往视教师为朋友，希望得到教师在学习、生活、人生等多方面的指导，同时又希望教师是分享自己的快乐与痛苦、幸福与忧愁的朋友。

6. 研究者角色。

教师工作的对象是充满生命力的、千差万别的个体，传授的内容是不断发展变化的科学知识和人文知识，教育过程又是一个复杂的动态变化过程。这就决定了教师不能以千篇一律的态度对待自己的工作，而是要以一种变化发展的观点、研究的态度对待自己的工作对象、工作内容和各种教育活动，不断学习新知识、新理论，不断反思自己的实践，不断发现新的特点和问题，以使自己的工作适应不断变化的形势，并且有所创新。

教师职业的角色特点决定了教师职业的重要意义和重大责任。

（三）教师职业专业化的条件

一个国家对教师职业往往都有一些明确的规定，比如对学历的要求，要求具备教师资格证书等。但一名教师是否真正具备了担任教师职业的条件，能否履行教师的责任，根本上还在于教师的内在素质

1. 教育工作者需要有学科专业素养

教师需要精通所教学科的基础知识，熟悉学科的基本结构和各部分知识之间的内在联系，了解学科的发展动向和最新研究成果。有人认为教师只要熟悉自己所教的内容就可以了，没有必要有高深的学问。这是一种肤浅的看法。对于教师来说，对所教内容不仅要知其然，而且要知其所以然，要能够把所教的内容放在更为深广的学术背景上，这样才能全面理解所教内容的价值和意义。另一方面，科学知识的发展是很快的，几年前是"高深"的知识，几年后已经是平常的知识了。比如方程的概念已经从中学移到了小学，微积分的概念已经从大学移到了中学；电脑的知识在若干年前还是很高深的学问，可现在儿童都已经具备了。

专业素养不仅包括专业知识，而且还包括一定的科研能力。科研能力是综合地、灵活地运用已有的知识进行创造性活动的能力，是对未知事物的探索性、发现性的心智、情感主动投入的过程。重视科研的教师，才能不停留于照本宣科，在教学过程中融入自己的思想感情，激励学生的探索精神。比如一名语文教师指导学生写作文，分析文章的成败得失，如果自己没有一定的创作性活动，没有自己的亲身体验，就很难分析得入木三分，切中要害。教师的科研以教育科研为主，并与自己的教学

实践改进密切相关。

2. 教育工作者需要有教育专业的素养。

教育事业是一项社会性事业，它受到社会各种因素的制约，同时也可以推进社会各方面的进步发展。一名教师能不能自觉地使教育活动顺应社会发展的需要和教育自身发展的需求，与其是否具备专业的教育理论素养、能否理解教育的本质、现代教育观念、教育的艺术有很大的关系。并不是有较多知识的人都能成为合格的教师。

首先，我们需要对教育的功能有全面的认识。教育有两个最基本的功能，即满足社会发展的需要和促进人自身的发展。社会发展的需要有很多方面，包括政治、经济、文化、科学技术的发展，社会各行各业的发展，都需要通过教育培养的人才才能得以实现。过分强调了教育某一方面的功能，而忽视了教育的其他功能，实际上是削弱了教育的功能，甚至是歪曲了教育的功能。现在，政府提出的教育方针是"教育为社会主义建设服务，社会主义建设依靠教育"。社会主义建设包括经济建设，也包括政治建设，包括物质文明建设，也包括精神文明建设，这样的方针就比较全面了。教师作为方针的实践者，对此不能没有清晰的了解。

人的发展，学生的发展，既是教育的终极目标，也是教育的社会功能得以实现的必要条件。人的发展首先是多方面的、尽可能充分的发展，既有政治素质、道德修养的发展，也有知识水平和心智能力的发展，既有精神素质的发展，也有身体素质的发展。为了某种单一的目标，而忽视甚至抑制学生其他方面的发展，显然是一种短视的行为。

人的多方面发展固然是重要的和基本的，但更重要的是每个人具有特点的个性化发展。个人的本质特点是体现在他与众不同的个别性之中。能不能为学生个性的发展提供充分的机会和良好的氛围，是区别一名普通教师和优秀教师的真正标志。学校应该成为促进每个学生的特点、优势更加明显的场所，而不是把不同的人变成相同的人的场所。

学生的发展，不仅是指学生当下的发展，更是指学生未来的、终身的发展，使学生未来的适应能力、继续学习能力、接受挑战并改造环境的能力的发展。这就不仅需要教师对学生的心理发展规律有深刻的了解，对所教学科的学科逻辑有深刻的理解，而且要求能将这两者完美地统一于自己的教育实践之中。要使学生掌握的知识成为能够更好发展的手段，而不是最终目的。

3. 教育工作者需要有一些与职业有关的特殊要求。

语言，是教育工作者的重要工具，是传播知识和影响学生的主要手段。没有较强语言表达能力的教师，很难成为一名优秀的教师。教师的语言首先是要求准确、明了、有逻辑性，其次是要求富有感情，有感染力。再高一级的要求是富有个性，能够体现出一名教师的独特风采。

教师不仅要善于独白，还需要掌握对话的艺术。教师在对话的过程中，要善于对学生的谈话作出迅速而有针对性的语言反应，在对话中，鼓励学生发表意见，完整、准确地表达自己的思想，形成活泼开朗的性格。

二、学生身份定位

学生虽然是教育过程和教学过程中最基本的要素之一。但以往的教育教学中对学生的分析和研究却很不够。虽然我们强调教师应该吃透两头，即充分理解教材和充分认识学生，但无论是在理论上还是在教师的工作中，前一点往往比较重视，后一点却重视得很不够。

（一）学生的本质属性

1. 学生是处于迅速发展时期的人

学生时代，从进入小学到中学毕业，是一个人一生中生理上和心理上发展都非常迅速的时期，是个体从不成熟到成熟，从不定型到比较定型的成长发育时期。对于学生来说，他们身心各个方面都潜藏着极大的发展可能性，在他们身心发展过程中所展现出的各种特征都处于不断的变化之中，具有极大的可塑性。在这一段时期，他们的身心发展能否得到重视，能否得到积极良好的教育，对于他们的发展将产生极大的影响。

学生发展的可能性能否成为现实的发展，需要多方面的条件。人是自然性与社会性的统一，个体发展的早期，更多的是受自然属性的制约。进入学校以后，社会性因素对个体发展的制约作用则逐渐加大。推动个体从自然人向社会人转变的动力，是社会环境对个体的客观要求所引起的需要与个体的发展水平之间的矛盾。这一矛盾运动的阶段性完成是个体和客观现实之间相互作用的结果，是个体在参与社会实践活动的过程中发生的。在活动中，个体不断作用于客观现实，日益深入地反映客观事物的关系和其特性，形成一定的发展水平。客观现实也不断作用于个体，对个体提出新的要求。这些要求反映在个体的头脑中，转变为个体的需要。而需要的满足，同样需要通过个体自身的活动，即与客观现实的相互作用才能实现。因此，没有活动，没有个体与环境的相互作用，也就没有个体的发展。客观环境的刺激，诸如教学的内容、教学的要求、学校各方面的生活，能否引起学生的精神需要，并对这些需要作出积极的反应并产生矛盾运动，这种矛盾运动能否产生积极的、有利于学生发展的结果，与教师、学校如何安排、组织学生的各种活动有极大的关系。

2. 学生是具有能动性和自我教育可能性的受教育对象

学生的发展性与不成熟性，是一个问题的两个方面，正因为不成熟，才有巨大的发展潜力，也正因为学生的不成熟性，学校和教师才大有可为。学校教育是有计划、有目的、有组织地培养人的社会活动，由教师根据一定的教育目的和具体教育场景，选择教育内容，组织教材和教学活动，并采取一定的教学方法，对学生施加影响。与环境对个体自发的、零碎的、偶然的影响相比，学校教育对个体的成长起着主导作用。在这样的环境中，学生是学习者，是受教育者。由于他们的知识较少，经验贫乏，独立能力不强，加上受教师权威的文化影响，学生具有依赖性和向师性，即一种盲目信任教师的特点。教师在学生的心目中常具有天然的权威性。然而这一切并不意味着在教育过程中学生只是一个被动者。忽视了学生主动性存在的学生观在根本上是陈旧的、错误的。教师要巧妙地利用学生的这种依赖性和向师性，但根本上是为了培养学生独立、自立的发展意识与能力，发展学生自我教育的能力。引导学生积极发展，是对教师素质的考验。如果教师不珍惜甚至滥用学生的依赖性和向师性，将阻碍学生的发展。

（二）学生的社会地位

学生的社会地位属学生权利的问题。由于学生是尚未成熟的青少年儿童，所以他们的独立人格和独立地位经常被忽视，他们经常处于从属和依附的地位。还有许多成人出于"为了孩子、关心孩子"的好心，一厢情愿地把自己的价值观念、主观愿望强加给学生，并不研究和重视学生自身的需要。这是因为对青少年在社会中的主体地位和合法权利尚缺乏正确的认识。

1. 青少年是权利的主体

从发展来讲，青少年是社会的未来，是国家的希望；从法制的角度讲，青少年也是独立的社会个体，他们不仅享受一般公民的绝大多数权利，而且受到社会的特别保护。1989 年 11 月 20 日联合国大会通过的《儿童权利公约》的核心精神，正是维护青少年儿童的社会权利主体地位。这一精神的基本原则包括

儿童利益最佳原则

尊重儿童尊严原则

尊重儿童观点与意见原则

无歧视原则

2. 青少年儿童的合法权利

青少年是社会权利的主体，享有法律规定的各项社会权利。

生存的权利。我国《宪法》规定："父母有抚养未成年子女的义务"（第49条），《未成年人保护法》更具体的规定："父母或其他的监护人应当依法履行对未成年人的监护职责和抚养义务，不得虐待、遗弃未成年人；不得歧视女性未成年人或者有残疾的未成年人；禁止溺婴、弃婴。"（第8条）

b. 受教育的权利。我国《宪法》第46条规定："国家培养青年、少年、儿童在品德、智力、体质等方面全面发展。"《义务教育法》第4、5条规定："国家、社会、学校和家庭依法保障适龄儿童、少年接受义务教育的权利。"

c. 受尊重的权利。《未成年人保护法》第15条规定："学校、幼儿园的教职员应当尊重未成年人的人格尊严，不得对未成年学生和儿童实施体罚、变相体罚或其他侮辱人格尊严的行为。"第30、31和36条规定："任何组织和个人不得披露未成年人的隐私"，"对未成年人的信件，任何组织和个人不得隐匿、毁弃；除对无行为能力的未成年人的信件由父母或者其他监护人代为拆开外，任何组织或者个人不得拆开"，"国家依法保护未成年人的智力成果和荣誉权不受侵犯"。

安全的权利。《未成年人保护法》规定："学校不得使未成年学生在危及人身安全、健康的校舍和其他教育教学设施中活动。"（第16条）"严禁任何组织和个人向未成年人出售、出租或者以其他方式传播淫秽、暴力、凶杀、恐怖等毒害未成年人的图书、报刊、音像制品。"（第16条）"任何人不得在中小学、幼儿园、托儿所的教室、寝室、活动室和其他未成年人集中活动的室内吸烟。"（第27条）。

三、教师与学生之间的关系

师生关系是指教师和学生在教育、教学活动中结成的相互关系，包括彼此所处的地位、作用和态度等。学校的教育活动是师生双方共同的活动，因此，良好的师生关系是教育教学活动取得成果的必要保证。

（一）师生在教育内容的教学上结成授受关系

这是有关师生在教学中关系的最简单表述。在教育活动中，教师处于教育和教学的主导地位，从教育内容的角度说，教师是传授者，学生是接受者。作为处于主导地位的教师，能否形成正确的学生教育观，在相当大的程度上，决定了教育的水准和质量。

从教师与学生的社会角色规定意义上看，在知识上，教师是较多者，学生是较少者；在智力上，教师是较发达者，学生是较不发达者；在社会经验上，教师是较丰富者，学生是欠丰富者。教师之于学生有明显的优势，教师的任务是发挥这种优势，帮助学生迅速掌握知识、发展智力，丰富的社会经验。但这一过程并不是单项传输过程，它需要有学生的积极的、富有创造性的参与，需要发挥学生的主体性。

学生在教学中主体性的实现，既是教育的目的，也是教育成功的条件。我们的教育要培养生动活泼主动发展的个体。这个个体是具有主人翁精神的全面发展的人，而不是消极被动、缺乏主动性和责任心的下一代。要培养主动发展的人，就必须充分调动个体的主动性，难以想象，消极被动的教育能够培养出主动发展的人出来。另一方面，个体身心的发展并不是简单地由外在因素施加影响的结果，而是教师、家庭、社会等外在因素通过学生内在因素共同作用的结果。没有个体主动积极参与，没有师生之间的互动，没有学生在活动过程中的积极内化，就没有真实意义上的教学存在。

对学生的指导、引导的目的是促进学生的自主发展。教师的责任是帮助学生由知之不多到知之较多，由不成熟到成熟，最终是要促成学生能够不再依赖于教师，学会学习，学会判断，学会选择，而不是永远牵着他们的手。社会是在不断发展变化的，学习的标准、道德的标准、价值的取向也是在不断变化的，整个世界发展的基本特点之一就是多元化。我们不可能期望在学校里教授的东西能使学生受用终生。我们不仅要认可而且要鼓励学生，善于根据变化着的实际情况有所判断、有所选择、有所发挥。

所以，有关"授受关系"的提法是有局限性的，只是一种初级的表述。

（二）师生关系在人格上是平等的关系

教育工作的最大特点在于它的工作对象都是有思想、有感情的活动着的个体，师生关系是教育活动中的基本关系，反映着不同的社会发展水平，也对教育工作者提出不同的素质要求。

学生虽然知之甚少，尚未成熟，但作为一个独立的社会个体，在人格上与教师是平等的。封建社会三纲五常的等级制度，推演到师生关系上就是师为生纲。在封建的师生关系看来，教师之于学生，有无可辩驳的真理和权威性，学生服从教师是天经地义的。所谓"师严乃道尊"之谓也。这种不平等的师生观，对今天的影响仍在。不彻底消除这种影响，不充分认识到学生独立的社会地位和法律地位，就不可能建立社会主义的新型师生关系。

传统的师生关系是一种单通道的授受关系。在管理上则是"我讲你听"的专制型关系，这种关系的基础是等级主义的，其必然结果是导致学生的被动性和消极态度，造成师生关系的紧张。作为对这种传统师生关系的反抗，19世纪末以后，出现了以强调儿童为中心的师生关系模式，在哲学上它强调儿童的主体地位，强调儿童的积极性和创造性，这对改变传统的师生对立状态起到了明显的促进作用。但在管理上出现了一种放任主义的倾向，对于学生活动的积极性和形成良好的师生关系同样是不利的。所以，建立在有利于学生发展意义上的严格要求和民主的师生关系，是一种朋友式的友好帮助关系。在这种关系下，不仅师生关系和谐，而且学习效率得到了提高。

现代的师生关系是以教师尊重学生的人格、平等地对待学生、热爱学生为基础，同时又看到学生是处在半成熟、发展中的个体，需要对他们进行正确指导。

（三）师生关系在社会道德上是互相促进的关系

有些西方学者把教育活动等同于一般的经济活动，把教师职业看作是一种出卖知识的职业，把师生关系看作是一种推销员与顾客的关系。国内有些人也曾持有类似的观点，这就把教育活动和师生关系理解得太简单、肤浅了。从教学的角度看，师生关系是一种教与学的关系，是教师角色与学生角色的互动关系。可是学校也是社会，从社会学的角度看，师生关系在更深刻的意义上，是人和人的关系，是师生间思想交流、情感沟通、人格碰撞的社会互动关系。儿童、青少年将成长为怎样一个人，与家长、学校的教师以及其他教育成员有着非常密切的关系。

第二章
教师与教学基本技能

第一节 关于课程

一、课程的基本理论

（一）课程的概念：

关于"课程"，不同的人有不同的界定。就近代以来的学校教育而言，将课程定义为"课业及其进程的总和"，是比较被人们接受的一种对课程的定义。

从学科课程论的角度而言，课程有广义和狭义之分。广义的课程即指学生在校期间所学的内容总和及其进程安排，狭义的课程特指某一门科学。在本章，提出的学科课程论，主要是广义上的课程，即各级各类学校为了实现培养目标而规定的学习科目及其进程总和。它包含以下具体内容： 是某级某类学校所要进行的全部教育内容的总和；不仅包括各门学科的课内教学，还要包括课外活动、家庭作业、社会实践等活动；不仅规定各门学科的目的、内容及要求，而且规定了各门学科的安排顺序、课程分配、学年编制和学周的安排。

在我国，课程具体表现为三种形态：即课程计划、课程标准和教科书。

（二）制约课程发展的主要因素

制约课程发展的因素有许多，但总体来说，制约课程发展的主要因素有以下几点：一是社会发展水平；其次是科学文化发展水平；再是学生身心发展规律。也就是说，社会、学科及学生是制约学校课程发展的主要因素。同时，课程的内部因素也制约着课程的发展。

1. 一定历史时期社会发展的要求及提供的可能

特定时代的生产力发展水平、政治、经济状况等是制约学校课程发展的重要因素；也是推动学校课程发生变化的重要动力。也就是说，社会发展的状况及教育需要，是制约特定时代课程发展的重要因素，同时，也为课程的发展提供了可能。例如，在生产力水平相对较低、教育只是个别人的特权的古代，学校较为重视语言、政治、伦理和宗教等学科。至近代，大工业生产要求，自然科学的迅速发展，使得自然科学、技术、社会科学等学科逐渐在学校课程中占据重要地位。及至现代，课程的综合化、多样化，也反映了社会发展对人的要求。

2. 一定时代人类文化及科学技术的发展水平

一定时代人类文化及科学技术的发展水平，既是人类已有社会实践的结晶，也是人类继续从事社会实践的起点，如何使人类的实践成果被年轻一代所掌握，正是学校教育所要解决的重要问题之一。因此，必须将人类已有文化及科学技术发展的最新发展纳入学校课程。也就是说，特定时代的教学内容如何，总是与这一时代的人类文化与科学技术发展水平相关的。课程发展的特点，在现代社会尤为突出。

3. 学生的年龄特征、知识、能力基础及其可接受性

课程是直接为学生的发展服务的。因此，课程除了要符合社会发展及科学技术发展的水平之外，还必须符合学生的特点。学生的年龄特征，知识、能力基础及其可接受性，是制约课程发展的重要因素之一。也就是说，课程内容的选择、加工及呈现方式，课程内容的深度、广度和逻辑结构，都要符合学生的水平。当然，符合学生的水平，要正确处理需要与可能、现实与发展的关系，既不能迁就学生的现有水平，也不能大大超越学生的现有水平，从而最大限度的促进学生身心和谐发展。

4. 课程本身的发展历史建立在不同的教育哲学理论基础上的课程理论，也对课程的发展产生了重要影响。

（三）近代以来有影响的课程理论

在近代教育史上，较有影响的课程理论主要有以下几种：

1. 形式教育论和实质教育论对课程发展的影响

形式教育和实质教育，是西方近代关于普通教育阶段学校设置课程和编写教材的两种对立的教育理论。二者的根本分歧主要表现在：

（1）偏重知识还是偏重能力。

形式教育论者认为，教育的主要任务在于使学生在官能得到训练、能力得到发展；实质教育论者则认为教育的主要任务在于使学生获得有用的知识。

（2）哲学认识论上是唯理论或经验论。

形式教育论只相信理智的可靠，而实质教育论者则认为只有感觉经验是实实在在的东西。

（3）心理学理论基础上是官能心理学或联想心理学。

形式教育论强调心智的练习及其迁移是发展官能的唯一途径，而实质教育论者则认为知识的获得主要是通过经验的积累和联系。

由此，二者在课程上总是形成不同的主张和倾向

形式教育论强调古典语言、文学和古代历史、数学、逻辑学等学科的教学，重视这些学科的形式训练价值。实质教育论正相反，重视自然科学知识的教学，强调课程和教材的实质性内容。二者在知识教学与能力发展两方面各执一端，都有其片

面性。

2. 学科中心论、儿童中心论

与形式教育和实质教育一样，学科中心论与儿童中心论也各执一端，相互对立，是两种截然相反或者说针锋相对的课程理论。

学科中心论的出发点是学科本身。学科中心论主张学校课程应以各科知识的分类为基础，以学科教学为核心，以掌握各科的基本知识、基本技能为目标。学科中心论关心的是知识的传递，强调知识的系统而相对忽视儿童的兴趣及儿童的心理发展逻辑。

儿童中心论的出发点是儿童。主张按照儿童的需要、兴趣、能力及经验来设计课程，提倡活动课程、经验课程。儿童中心课程论强调课程的主要目的是顺应和满足儿童自然发展的需要，应根据儿童的心理发展特点和心理发展要求来确定课程；强调从儿童的直接经验出发，按个体发展经验的逻辑来组织课程，强调儿童通过活动来获得知识经验。儿童中心论能够满足儿童的需要，却在一定程度上忽视了知识本身的系统性。

本世纪 50 年代以来，课程理论的发展开始超越以往二元对立的状况，或者不同理论之间相互融合，或者多种理论并存，出现了多元化的格局。

（四）课程的基本类型

随着时代的发展，课程的类型越来越多样和丰富，但学科课程、活动课程及综合课程是学校课程的基本类型。对这些基本类型的掌握，可以从其定义、特点、优缺点、主要代表人物等几方面来认识。

1、学科课程

所谓学科课程就是分别从各门科学中选择部分内容，组成各种不同的科学，并从课程体系出发，整体安排它们的顺序、授课时数及期限。学科课程由来已久，我国古代的"六艺"，古希腊的"七艺"等，均可看作是最早的学科课程。

学科课程的代表人物主要有夸美纽斯、赫尔巴特和斯宾塞。17 世纪，夸美纽斯基于"把一切事物教给一切人类"的理想，提出要设置"百科全书式"的课程，主张开设包括玄学、物理学、机械学、政治学、宗教等众多学科。19 世纪，赫尔巴特从心理学出发，主张课程应为培养学生多方面的兴趣服务，因而主张设置能够培养学生经验性、思辨性、审美性、同情性、社会性、宗教性、兴趣性、多样性学科。斯宾塞从教育要为完满的生活做准备和知识价值论出发，提倡学习实用的科学知识，围绕完满生活的五个方面来组织和安排课程。

学科课程的基本特点是：分科设置；课程内容按学科知识的逻辑结构来选择和安排，重视学科内容的内在联系；强调教师的系统讲授。

学科课程的优点是：是相同或相近学科领域的基础知识连贯起来，形成逐步递进、内容连续的逻辑系列，有利于人类文化的传递。所授知识、技能具有完整性、系统性和严密性。便于老师教学和发挥教师的主导作用。以上几个优点，使得学科课程至今仍是世界各国学校课程的主体类型。

但是，学科课程也有它的局限性，经常受到人们的批评。它的局限性正是由它的优点所带来的。具体表现在以下方面：

课程内容往往与学生的生活实际相脱离；

在教学中容易忽视学生的兴趣及学生全面发展的价值；

可能压抑学生在教学过程中的主动性和积极性。

2. 活动课程

活动课程是从儿童的兴趣和需要出发，以儿童的经验为基础，以各种不同形式的一系列活动组成的课程。

活动课程的基本特点是：强调学生的自主性和主动性；强调通过学生自己的实践活动获得直接经验；强调训练学生的综合能力及个性养成。

活动课程的局限性：课程内容及安排往往没有严格的计划，不易使学生获得系统、全面的科学知识和基本技能。

活动过程作为一种课程类型，形成于 20 世纪初，主要代表人物为美国著名的哲学家和教育学家杜威。杜威反对分科教学，主张课程的内容要适合儿童的需要和接受能力，主张以活动为中心组织教学，从"做中学"。杜威反对把教材视为"固定的和现成的"、"儿童经验之外的东西"；特别强调游戏、活动作业、手工、烹调、缝纫、表演、实验等对儿童发展的意义。杜威的活动过程理论建立在"经验来自行动"和"教育是生活、成长和经验改造的过程"这两个基本原则上。

1990 年代以来，我国课程计划中增设"活动课"。新一轮的课程改革中，在基础教育阶段的课程计划中进一步将其明确为"综合实践活动"，具体分为"研究性学习"、"社区服务"、"社会实践"、"劳动技术教育"等几个部分。这样一种形态的课程与杜威所主张的活动课程既有一定的渊源，也存在较大差别。综合实践活动的时间与学科课程并不对立，也不矛盾。作为学校课程的一种类型，它的开设，有助于为学生提供一定的时间和空间，供学生自主发现问题、研究问题，以学生活动为主，充分发挥学生的自主性，能够在一定程度上弥补学科课程的不足。

3. 综合课程与核心课程

综合课程是与分科课程相对应的一类课程，它打破传统的从一门科学中选取特定内容构成课程的做法，根据一定的目的，从相邻相近的几门学科中选取内容并将这些内容相互融合，构成课程。课程的综合范围可大可小，可以是相近学科在基础范围内的综合，也可以是拓展边缘学科的新课程领域。综合课程也被称为广域课程或大范围课程，这种课程的开设既是现代科学发展的需要，也是学生认识和把握科学知识基础的需要。目前，我国基础教育课程改革的一项重要内容就是实施综合课程。例如，在小学开设"思品与生活"、"思品与社会"、"艺术"、"科学"等综合课程，在初中开设了"历史与社会"、"科学"、"艺术"等综合课程。

综合课程的益处在于：增强学科间的横向联系，避免完整的知识被人为地割裂；符合学生认识世界的特点，有利于学生整体把握客观世界；有利于学生综合地、整体地发现问题、分析问题和解决问题，从而形成正确的世界观和价值观；有利于解决有限的学习时间与人类科学技术飞速发展的矛盾。通过综合课程，能够在一定程度上压缩课时，使学校能够在短时间里安排学生学习更多的知识。

当然，综合课程并不是简单地将几门学科拼凑在一起，若不能真正体现综合，就会变成"凑合"，就不能体现综合课程的优势。因此，无论是综合课程的开发还是教学，都要真正体现综合性。

核心课程是围绕人类基本活动来确定重心学习内容的一种课程。例如：1-2年级学习周围的环境，包括家庭、学校和所在社区；3-4年级学习较广的环境，由县、省到国家，……9-10年级学习社会经济；11-12年级为参加社会生活做准备。核心课程兼顾学生发展和社会的需要，在增强学科间的联系方面，在结合学生的兴趣、需要以及认识特点方面，是有积极意义的。但是，如何保障学生获得深入、系统的知识，还有待研究。

4. 关于"潜在课程"

潜在课程，也称隐性课程，是相对于显性课程（学校课程表内列出的有组织的教学活动）而言的。目前国内对潜在课程的概念、特点、表现形式等有不同于本意的理解。就其本意来说，"潜在课程"中的"课程"并非实指，只是借用"课程"一词，来说明学校中还存在着对学生产生影响的、但又无法控制的教育因素。它是以潜移默化的形式，对影响学生的知识、价值、行为规范、情感等全部信息的总和及其动态传递方式，在学校环境中以内隐的方式存在。其本质在于不可控制性。一旦被控制，其性质就由"隐"而"显"了。

关于研究潜在课程的萌芽，在杜威所讲的"附带学习（collateral Learning）"、克伯屈的"附学习（concemitant learning）"和"副学习（associate learning）"中就已有所提及，概指学习过程中自发的或自然而然产生的有关态度、情感、价值等方面的学习。20世纪60年代后，国外一些学者对潜在课程作了进一步研究，他们从不同的理论依据和角度出发，运用不同的研究方法，提出了各自的观点，但均主张把正式课程以外的非计划、非预期的学习经验，视作具有教育影响的课程组成部分。

潜在课程的研究，有心理学、教育社会学、教育人类学的基础。重视潜在课程的理论研究和实验研究，标志着我国教育工作者对学校领域内存在的教育影响有着全面的关注。

除以上几种课程类型外，从管理的角度来看，还可以做进一步划分。

从学生的修习角度来看，可分为必修课程与选修课程。必修课程是课程计划中所规定所有学生必须修习的课程；选修课程，是否修习，可根据地方、学校或学生的需要来确定，也就是说，课程计划中并不做出硬性规定。

从课程管理的角度来看，还可分为国家课程、地方课程和校本课程。所谓国家、地方、校本三级课程，主要是就课程的开发及管理主体而言的。在不同级别的课程中，还可以分为学科课程、活动课程或综合课程等等。

第二节 关于课程计划

课程计划（建国后很长一段时间内，也称作教学计划）是课程的具体表现形式之一，是课程的总体设计或总体规划。

一、课程计划的意义和基本内容

课程计划是课程设置的整体规划，它规定不同课程类型相互配合的方式（如学科课程、活动课程及综合课程在课程计划中的地位及所占比例等等），也规定了不同学科课程在管理或学习方式上的要求及所占比例（如必修课与选修课的比例）。同时，对学校的教学、生产劳动、课外活动等做出全面安排，具体规定了学校应设置的学科、学科开设的顺序及课时分配，并对学期、学年、假期进行划分。课程计划作为教育主管部门制定的有关学校教育教学工作的指导性文件，体现了国家对学校的统一要求，是组织学校活动的基本纲领和重要依据。

课程计划的基本内容由以下部分组成：

1. 教学科目的设置：

开设哪些学科是课程计划的中心问题。中小学的教学科目设置，基本以科学的分类为依据，并选其中由对青少年一代最一般的、最必须的科学知识构成学科。各门学科既相对独立，又存在必然的联系。

需要明确的是，学校课程中的学科和科学既有联系又有区别。学科是根据学校的任务、学生年龄特征和发展水平，选择必须掌握的某门科学的基础知识所组成的教学科目，是该科学中的基础性内容，也是学生发展成长中必须学习的内容，是经过教育学加工以后的产物，具有教育功能。而科学则是反映自然、社会、思维客观规律的分科知识体系，它不仅在叙述范围及性质上与学科不同，在叙述的程序上也不一样，科学是从一般理论的结构和原理出发，而学科则多是从具体事物和现象的描述开始，然后转向关系、定义、规律的揭示。课程计划中的各门学科由于他们的对象、任务不同；知识范围、性质也不一样，但都是必要的和重要的。

2. 学科顺序

课程计划中设置的各门学科不能同时齐头并进，也不宜单科独进，一定要按规定年限、学科内容、各门学科之间的衔接、学生的发展水平，由易到难，由繁到简，合理安排，使先学的学科为以后学习的学科奠定基础，同时学的学科之间能相互沟通，并满足学生多方面发展的需要。

3. 课时分配

课时分配包括各学科的总时数，每一门学科各学年（或学期）的授课时数和周学时等。应根据学科的性质、作用、教材的分量和难易程度，恰当地分配各门学科的授课时数。

4. 学年编制和学周安排

学年阶段的划分、各个学期的教学周数、学生参加生产劳动的时间、假期和节日的规定等，这是学校工作正常进行的保证。我国学校一般均为秋季招生与始业，一学年分为两个学期，学期之间有寒假或暑假。

二、课程计划编制的基本原则

（一）既要保证教育目的的全面实现，又要适应不同地区和不同学生的发展需要，体现课程结构的综合性、均衡性和选择性。

（二）正确处理课程系统内部的几个基本关系，正确处理学科课程、综合课程及活动课程之间的关系，必修课与选修课之间的关系，以及打好基础与发展特长之间的关系。

（三）教学为主，全面安排。

（四）统一性、稳定性与灵活性结合。

三、我国中小学课程计划的改革

建国以来，我国一直非常重视课程改革。尤其是1980年以来，课程改革成为我国基础教育阶段教育改革的重心。反映在课程计划中的改革成果，主要有以下几点：一是改变中央集权的课程管理模式，给地方和学校开发和管理课程的权利；二是改变我国长期以来学科课程一统天下的局面，增设综合课程和活动课程；三是改变只有必修课没有选修课的局面，增加选修课的比例，以更好地适应不同地区不同学生的发展需要。

2001年6月，《基础教育课程改革纲要（执行）》的颁布，标志着我国第八次课程改革的开始。课程计划有了较大的变化（以义务教育阶段为例）。整体设置九年一贯的课程门类和课时比例，1986年《义务教育法》颁布之前，我国的课程计划是小学、中学（初中和高中）分段编写的。1986年之后，高中课程计划单独编写，小学及初中（既九年义务教育阶段）的课程则统一安排；设置了综合课程。小学阶段以综合课程为主，初中阶段设置分科与综合相结合的课程，积极倡导各地选择综合课程，鼓励学校创造条件开设选修课程；将综合实践活动作为必修课程，内容主要包括信息技术教育、研究性学习、社区服务与社会实践以及劳动与技术教育；为地方和学校开发课程留有空间，鼓励地方和学校开发相应的地方课程和学校课程。

四、课程标准与教科书

（一）课程标准的意义与结构

课程标准是课程计划中每门学科以纲要的形式编定的、有关教学内容的指导性文件。它规定了学科的教学目的与任务，知识的范围、深度和结构，教学进度以及有关教学法的基本要求。课程标准是课程计划的分学科开展，它体现了国家对每门学科教学的统一要求，是编写教科书和教师进行教学的直接依据，也是衡量各科教学质量的重要标准。课程计划有利于保证教学的计划性和质量。

《基础教育课程改革纲要（试行）》中指出：国家课程标准是教材编写、教学、评估和考试命题的依据，是国家管理和评价课程的基础。应体现国家对不同阶段的学生在知识与技能、过程与方法、情感态度与价值观等方面的基本要求，规定各门课程的性质、目标、内容框架，提出教学和评价建议……义务教育课程标准应适应普及义务教育的要求，让绝大多数学生经过努力都能够达到，体现国家对公民素质的基本要求，着力于培养学生终身学习的愿望和能力。

课程标准的结构一般由以下几部分组成：

前言部分：说明本课程（学科）的特点、意义，阐明本课程（学科）的基本理念，以及本课程标准的设计思路。

课程目标部分：规定课程的总体目标及各学段（或年级）的具体内容。

内容标准部分：这是课程标准的中心部分或基础部分。结合具体内容，规定教学所要达到的最低标准，通常会以案例的形式给出教学建议。

课程实施建议部分：给出教学建议、评价建议、教材编写建议以及课程资源的开发与利用建议等等。

（二）教科书的意义、编排及作用

教科书又称课本，它是依据课程标准（或教学大纲）编制的、系统反映学科内容的教学用书。教科书是课程标准的具体化。课程计划中规定的各门学科，一般均有相应的教科书。

教科书不同于一般的书籍，通常按学年或学期分册，划分单元或章节。它主要由目录、课文、习题、实验、图表、注释、附录等部分构成。课文是教科书的主体部分。

随着科学技术的发展，教学手段的现代化，教学内容的载体也多样化了。除教科书以外，还有各类指导书和补充读物；工具书、挂图、图表和其他教学辅助用具，教学程序软件包等；幻灯片、电影片、音像磁盘等。

教科书的编写要求妥善处理思想性与科学性、观点与材料、理论与实际、知识和技能的广度与深度、基础知识与当代科学新成就的关系。

教科书的编排形式要有利于学生的学习，符合卫生学、教育学、心理学和美学的要求。教科书的内容阐明，要层次分明；文字表述要简练、精确、生动、流畅；

篇幅要详略得当。标题和结论要用不同的字体或符号标出，使之鲜明，醒目；封面、图表、插图等，要力求清晰、美观；字体大小要适宜，装订要坚固，规格大小、厚薄要合适，便于携带。

教科书的作用包括

教科书根据课程目标（教学大纲）对本学科的要求，认真分析本学科的教学目标、内容范围和教学任务，并根据学生的学习特点将教学内容进行组织和呈现，有利于学生学习和掌握。

教科书根据本学科在整个学校课程中的目标，研究本学科与其他学科的关系，理论与实践相联系的基本途径和最佳方式，确定本学科的主要教学活动、课外活动、实验活动或其他社会实践活动，对各教学阶段的课堂教学和课外活动做出统筹兼顾安排。

教科书是学生在学校获得系统知识、进行学习的主要材料，它可以帮助学生掌握教师讲授的内容；同时，也便于学生预习、复习和做作业。教科书是学生进一步扩大知识领域的基础。所以，要教会学生如何有效地使用教科书，发挥教科书最大的作用。

教科书也是教师进行教学的主要依据，它为教师的备课、上课、布置作业、学生学习成绩的检查评定提供了基本材料。熟练地掌握教科书的内容是教师顺利完成教学任务的重要条件。当然，对于教科书，教师要根据课程标准的规定，灵活地和创造性地使用。

（三）教科书编写应遵循的基本原则

新中国成立以后，党和政府十分重视中、小学生的教材建设。1986年《中华人民共和国义务教育法》颁布以后，国家教委于1986年9月，正式成立了全国中小学教材的审定工作，1988年颁布了"一纲多本"的新课程政策，加强课程与教材的基础性、多样性和灵活性。2001年6月《基础教育课程改革纲要（试行）》颁布以来，教材多样化有了实质性的发展。在这种情况下，如何根据课程标准编写教科书就是一个更为重要的问题了。《基础教育课程改革纲要（试行）》指出，"教材改革应有利于引导学生利用已有的知识和经验，主动探索知识的发生与发展，同时也应有利于老师创造性地进行教学。教材内容的选择应符合课程标准的要求，体现学生身心发展特点，反映社会、政治、经济、科技的发展需求；教材内容的组织应多样、生动，有利于学生探究，并提出观察、实验、操作、调查、讨论的建议。"

具体来说，教科书的编写应遵循以下原则：

根据本学科的特点，体现科学性与思想性。在基础教育阶段，科学性主要体现为对确定知识的正确表达，对于那些学术界尚在争论的问题，一般不宜在教材中出现。所谓思想性，就是要结合教学内容，向学生传达正确的价值观和意识形态，使学生形成历史唯物主义的思想观念。

强调内容的基础性。基础是教科书不同于其他任何书籍的基本特点。王策三先生在《教学论稿》中指出，不是任何真理性知识、思想性强的知识、理论和实际结合紧密的知识都能进入教科书，只有当它们具有基础性或改造为基础知识和基础技能时，才能被选择和组织进入教科书。王策三先生认为，"所谓基础性，包含两个方面的意义：从一方面讲，它具有普遍性或共同性，无论是事实知识或原理知识，都是客观上大量存在的事物和基本规律的反映，因而适用于广大的空间、较长的时间和众多的事物，成为学生学习和从事各种职业都用得着的工具。从另一方面讲，它具有发生性、起始性。后来学习其他知识，必须以它为准备条件，或者都不过是它的发展，或者是它的扩充，或者是它的加深，或者是新发现或者是这几种情况兼而有之。"（王策三：《教学论稿》，第215-216页，人民教育出版社，1985年版。）

当然，加强基础知识和基本技能的同时，还要注意贴近社会生活，加强与学生现实生活的联系，并适当渗透先进的科学思想，为学生今后学习新知识奠定基础。

在保证科学性的前提下，教材还要考虑到国家社会发展现实水平和教育现状，必须注意到基本教材对大多数学生和大多数学校的适用性。在达到课程标准基本要求的前提下，应编写多样化的教材，以适应不同地区的教学需要。

教科书的编写要同时兼顾学科知识的逻辑顺序和受教育者学习的心理顺序。一般要符合以下两项要求：

以学科逻辑系统为主，力求照顾到学生心理特点，即他们的年龄特点、认识事物的心理顺序、智力和各种心理品质发展的顺序。

直线排列和螺旋（圆周）排列相结合。所谓直线排列，即各种知识（事实、原理）只学一次；所谓螺旋排列即许多的知识要反复学习，一般而言，要将这两种排列方式结合起来，防止绝对化。（参见王策三：《教学论稿》，第216页，人民教育出版社，1985年版。）

5、教科书编写要兼顾同一年级各门学科内容之间的关系和统一学科各年级之间的衔接，使得教学内容的编排在保证系统化和相对独立的前提下，加强内容之间的整合，保证学生认识的整体性和连续性。

五、国内、外课程改革的趋势

（一）国外课程改革趋势

面对新一轮信息科技革命的挑战以及培养素质型人才的要求，20世纪50年代末以来，世界各国都进行了规模较大的课程改革运动，如美国20世纪60年代布鲁纳的"学科结构论"思想和以"新三艺"为中心的课程改革，苏联赞可夫的"教学与发展"实验，西德根舍因的"范例教学"思想等，都为课程改革提供了思路。

20世纪末，信息技术的发展以及知识经济社会的到来，向课程改革提出了新的课题。如何在信息社会培养学生的创造性思维，提高学生的信息素养，从而为学生更好地适应社会并获得发展奠定基础成为各国课程改革的重心。纵观各国课程状况，如下几点是其基本理念：（此部分内容可参见钟启泉等编《为了中华民族的复兴，为了未来学生的发展——〈基础教育课程改革纲要（试行）〉解读》，第30-33页，华东师大出版社，2001年版）。

1. 注重基础学力的提高

为适应学习化社会的需要，提高儿童的基础学力是各国课程首要的关注点。读、写、算能力和信息素养等是未来公民所不可或缺的，基础学力是儿童适应未来社会的前提，是开展终身学习、促进自身完善与发展的基础。因此，儿童具备基础学力是课程改革的首要目标。例如，德国巴伐利亚州课程改革指导思想是，向成长着的一代传授广泛的、出色的、综合的基础知识；培养学生终身学习的能力和关键素养，包括问题解决能力、迁移能力、灵活性、交际能力、合作能力、创造性能力、自主性和可信性等等。

2. 信息素养的养成

为迎接信息时代的挑战，适应信息化社会，从浩瀚的信息海洋中获取必要的信息，儿童应具备相应的信息素养。因此，信息素养的养成成为各国改革的另一热点。例如，在英国，为全面提高学生的信息技术和交往能力，在新的国家课程中，将以前的"信息技术"（information technology）改为"信息和交流技术"（information and communication technology 简称 ICT）。这门学科旨在为学习适应能力参与快速变化的世界生活做准备，学生可以运用 ICT 工具创造性地发现、探究、分析、交换、提供信息，学会如何用 ICT 寻索并在社会、文化中获得思想和经验。同时，还要求在数学、理科、历史以及其他所有学科的教学中也要根据具体内容，加强对学生的信息和交流技术指导。

3. 创造性与开放性思维的培养

全球化社会的发展要求人们具备开放性思维与创新精神，需要与世界各地的人们进行交流。因此，全球课程改革都强调创造性与开放性思维的培养，教育应该培养胸襟开阔、能够站在全球性视野考察问题并创造性解决问题的公民，在这方面，外语教学成为课程改革的一大热点。此外，跨文化的理解与世界大同意识也是开放时代所必需的。随着国际交流的日益发生，对别国文化的尊重、认同和欣赏显得如此重要。教育应培养儿童对各种文化的理解，课程改革也强调跨文化意识。

4. 强调价值观教育和道德教育

各国课程普遍注重教育的道德文化层面，强调儿童价值观的培养和道德教育。例如，英国在1999年9月9日颁布的课程改革方案中明确提出，学校教育应该反映有利于达成促进机会均等、形成教育和公正民主、生产经济和可持续发展基本目的的永恒价值，包括自身、家庭及相互关系，学生所属的更广泛的群体的多样性及生存的环境，并肯定了对真理、正义、诚实、信任、责任感等美德的信念。

5. 尊重学生经验、发展学生个性

尊重儿童经验，教育向学生生活的世界回归、发展学生个性，是世界各国课程改革的重要关注点。如，德国北威州的课程纲要规定帮助学生形成成熟的对社会负责的个性。包括：形成每个学生独特的能力；树立社会责任感；建立民主社会理想；培养基本价值观；参与文化活动；在职业和劳动中从事活动的责任。

以上这些课程改革的基本理念，反映在课程设计中，具体体现为以下特点：

重视课程的整体功能。现代课程，超越了智力本位的课程观，强调通过课程实现德育、智育、体育、美育、劳动教育的完整性目标，将促进学生生动活泼、主动和谐发展作为课程实施的宗旨，从而实现知识与智力的统一、认知与情感的统一、主体精神和社会责任感的统一。

强调加强基础。提高公民基本素质和基本学习能力，要求加强基础。对学科加以精选，使其具有基础性、合理性，并让学生了解学科的基本结构；要求扩大理论知识的比重，克服学科与课程间缺乏联系的问题，体现综合性；要求课程中体现现代科学的成果，删除成就的内容，掌握学习的科学方法。

重视智力开发、学习能力培养和个性发展。各国都十分重视学生的个性，培养学生的才能和创造性。通过课程培养学生的探索精神、自学能力，并尽量让学生观察，手脑并用，掌握学习的科学方法。

重视个别差异。各国课程设置都表现出较大的弹性，便于教师充分发挥创造性，便于对学生进行个别指导，适应学生个别差异的需要。

加强课程与社会生活、生产实际的联系。

重视课程的文化内涵，对民族文化传统的继承与加强国际交流相辅相成。

（二）国内课程改革的发展趋势

我国自 1980 年以来的课程改革大多是对原有不合理的、单一的课程结构，陈旧的、缺乏理论深度的教材内容，以及难以照顾学生个别差异，难以培养学生积极、主动精神的旧有课程模式的改革。新一轮课程改革集中体现了这些改革取向。

1. 以学生的全面主动发展作为课程目标的基本价值取向

未来基础教育课程应克服要么过分强调个性发展而忽视应承担的社会责任，要么过分强调社会要求而忽视个性发展的片面性，追求人与社会的协调发展，因此，现代基础教育的课程目标将定位于未来社会人才的素质结构。强调知识与技能、过程与方法、情感态度与价值观三维目标的统一实现。

基础教育是为人的一生打好基础的重要阶段，应使全体学生在全面发展的基础上实现个性发展，充分发展学生的自主性、自觉能动性和开拓创造性，不仅学会学习、学会生活，而且要学会创造，学会做人，并为接受终身教育奠定坚实的基础。

2. 课程结构的综合化、均衡化和选择性

改变课程类型结构单一的状况，设置多样化的课程类型，除学科课程外，还开设综合课程与活动课程，同时，给予选修课及地方课程和校本课程以更大的空间。均衡科目结构，使传统优势学科（语文、数学）的比例适当降低，使得课程结构中各科目的比例较为均衡，同时，有利于地方课程和学校课程的开发，增强地方和学校对课程的选择。

3. 在课程内容上，改变课程内容的繁、偏、旧的状况

既要体现内容的基础性，又要及时反映与最新科技发展成果的关系；既要精简内容，又要增加课程内容与学生生活经验和现实社会生活的联系等等。

4. 改变学生的学习方式

鼓励学生在教师的引导下主动地探究学习、合作学习等等。改变长期以来接受学习方式的单一化、绝对化，甚至将其沦为机械学习、死记硬背的状况，提倡学习方式的多样化。在教学中，教师讲授虽然仍是主要的教学方式，但主张教师能够以

多样化的方式进行教学，是学生在教学中能够主动参与、乐于探究、勤于动手，培养学生搜集和处理信息的分析和解决问题的能力以及交流与合作的能力。

5. 国家、地方和学校共同进行课程管理。

改变过去国家集中管理课程的状况，赋予地方和学校合理而充分的课程自主权，调动地方和学校主动开发、建设课程的积极性，增强课程对地方和学校的适应性。

6. 改善课程的评价方式

注重过程和全面的评价，鼓励在教学中采用多种评价手段，采用多种形式进行评价，使评价成为促进学生发展、教师提高和改进教学实践的有效手段。

第三节 关于教学基本技能

一、教学的意义和任务

（一）教学的概念

对于"教学"一词的内涵，古今中外教育论著理解不尽相同。在我国，早在殷商时期的甲骨文就出现了"教"与"学"二字，《书·商书·兑命》中提到："教学半"，这可以说是我国古代教学思想的萌芽状态。

什么是教学？这是教学理论研究必须回答的一个基本问题。

在近代教学论发展历程中出现的三次大争论，即"形式教育"学派和"实质教育"学派的争论；"认知主义"学派和"行动主义"学派的争论、"科学主义"学派和"人本主义"学派的论争，都涉及到如何理解教学活动的本质这一根本问题。其中"形式教育"学派认为教学是训练人先天具有的官能的过程，即促进人的内在官能显现、成长和完善的活动；与其对立的"实质教育"学派则认为，学习主要是获得有用的知识、技能的过程，即心理内容不断充实的过程。"认知主义"学派把教学理解为知识的传授过程和观念的改变过程，主要强调教学活动是间接经验的习得；与之对立的"行动主义"学派则强调教学是学生亲身探索、操作而获得直接经验的活动。"科学主义"学派主张教学是一种理性活动，而"人本主义"学派则认为教学是一种情意活动，是人性的表达。

多年以来，我国学者对什么是教学，教学的本质是什么？进行了深入的探讨，并提出了以下几种不同的观点。

一是教学是一种特殊的认识。这一观点既以马克思主义认识论为哲学基础，又在事实上继承和发展了传统教学理论的研究成果。将教学作为文化传承过程,认为个体如何掌握人类总体文明成果,主要是一个认识的过程,是主体能动反映世界、改造自身的过程。

二是教学是一种特殊的交往。这种观点认为教学是一种交往活动,即师生间、学生间的交往,认为教学活动是一种对话和理解的活动,是一种师生共享知识、精神、智慧和意义的过程。

三是教学是一种特殊的实践。这种观点将教学的本质看成是人的存在形式和生活形式,以培养完善人格为目标,引导人去体验生活,理解世界、理解人生的价值的意义。

不同观点的争论,有助于开拓思路。三种不同的观点表现了认识教学这同一事物的三种角度,反映了现代教学的丰富性。

教学,是学校进行全面发展教育的基本途径,是教师教与学生学的统一活动。学生在教师有目的有计划的指导下,积极主动地掌握系统的科学文化基础知识和基本技能,发展能力,增强体质,陶冶品德、美感,形成全面发展的个性。

教学是以培养全面发展的人为根本目的,教学的结果主要表现为概念和原理的习得,行为方式的养成,道德和审美价值观念的获得,心理和生理机能的提升等。教学具有明确的发展指向和发展价值。教学与智育是两个互相关联又有区别的概念。

教学是师生双方的共同活动,教学双方在活动中相互作用,失去任何一方,教学活动便不存在。学生的认识活动是教学中的重要活动,是学生在教师的指导下进行的,它以人类已有的知识为对象,力求在短时间内传授人类的文化科学遗产,使个人认识达到当代社会的认识水平,具有特殊性。

教学具有多种形态,是共性与多样性的统一。教学,作为学校进行全面发展教育的一个基本途径,具有课内、课外、班级、小组、个别化等多种形态。教师和学生共同进行的课前准备、上课、作业练习、辅导评定等都属于教学活动。随着现代社会的发展,教学既可以通过师生间、学生间的各种直接交往活动进行,也可以通过印刷物、广播、电视、录音、录像、视频、微信等远距离教学手段开展。教学作为一种活动,一个过程,是共性与多样性的统一。

(二)教学的意义

教学是学校教育中最基本的活动,不仅是智育的主要途径,也是德育、体育、美育和劳动技术教育的基本途径,在学校整个教育体系中居中心地位。教学的主要作用是：

1. 教学是解决个体经验和人类社会历史经验之间矛盾的强有力工具之一

教学，作为一种被专门组织起来传递人类知识经验活动，能间接的将人类积累的科学文化知识转化为学生个体的精神财富，使他们在短时间内达到人类认识发展的一般水平。通过教学，不仅促进个体实现社会化的进程，而且使人类文化一代代继承发展。因此，教学成为社会历史经验得以再生产的一种主要手段。

2. 教学为个人全面发展提供科学的基础和实践

教学的作用直接地、具体地表现在对个体发展的影响：他使个体的认识突破时空局限及个人直接经验的局限，扩大了他们的认识范围，赢得了认识的速度。使个体的身心发展建立在科学的基础上，结合科学知识的传授和学习，在一个统一的过程中实现德、智、体、美、劳诸方面的和谐发展。也就是说，培养学生具有社会责任感、健全人格、创新精神和实践能力，使新一代的国民具有适应工业化社会，科技、经济发展所必备的素质。教学是教育工作构成的主体部分，又是教育的基本途径，学校工作应坚持以教学为主。但是，教学必须与其他教育形式结合。必须与生活实践加强联系才能充分发挥作用。因此应妥善的安排教学与其他活动，建立正常的教学秩序，保证全面提高学校教育的质量。

（三）教学的一般任务

教学任务是受人们追求的教学价值取向决定的，它指明各教育阶段、各科教学应实现的目标要求。教学任务的决定，要受教育目的、学生年龄特征、学科的科学特性以及教学的时空条件等因素制约。教学以促进学生德、智、体、美全面发展为根本目的，使学生在获得知识的同时学会学习，并形成正确的价值观。教学的一般任务如下：

1. 传授系统的科学文化知识和基本技能

知识，是人们对客观世界认识的成果，是人类历史实践经验的概括和总结，科学的知识反映了客观世界的本质和规律。教学所传授的科学文化基础知识，是指形成各门学科的基本事实，相应的基本概念、原理和公式及其系统。它是组成一门学科知识的基本结构，揭示了学科研究对象的本质及发生变化的规律性，反映了科学文化的现代水平。技能，是指通过练习而获得的能够在实践中运用知识解决问题的能力。技能又分智力技能和动作技能两种。基本技能，则是指各门学科中最重要、最常用的技能，是最基本的学习工具，如阅读、写作、计算、问题解决，以及理、化、生学科的实验技能等。技能通过多次操作，可以发展为技巧。

教学的重要任务是将储存在书本或其他信息载体中的物化知识作为学生认识的客体，经过有指导的学习活动，将人类总体的知识转化为学生个体的内在知识结构。现代社会，世界各国都十分重视基础知识的教学，注意引导学生掌握学科知识的基本结构，以确保教学任务的完成及培养人才的质量规格。

2. 发展学生的智力、体力和创造才能

所谓智力，一般指人们的认识能力，即认识客观事物的基本能力，是认识活动中表现出来的那些稳定的心理特征。主要包括注意力、观察力、记忆力、思维力和想象力，其中思维力是核心。

体力，主要指身体的正常发育成长与身体的各个器官的活动能力。

学生的创造才能主要指他们能够运用自己已有的知识和智能去探索、发现和掌握未知晓的知识的能力。它是学生个人的求知欲望、进取心、首创精神、意志力与自我实现决心的综合体现。

教学不仅要使学生掌握知识，而且要发展以思维能力为核心的认识能力；不仅发展学生智力，而且要发展学生的体力，注意教学卫生，保护学生视力，增强学生体质，养成自觉锻炼的习惯，有规律、有节奏的学习与生活。特别是要通过发展性教学，启发诱导学生进行推理、证明、探索和发现，培养学生独立学习的能力，分析和解决问题的能力，以适应科学技术发展的时代要求。

3. 培养社会主义品德和审美情趣，奠定学生学科世界观基础

世界观是对世界总的看法和态度，科学的世界观的形成，必须建立在科学知识的基础之上。青少年的品德、审美情趣和世界观正处在急速发展和逐步形成的重要时期，教学在使学生形成科学的世界观、培养优秀的道德品质方面起着重要作用。原因在于，教学始终具有教育性。学生在教育中进行的学习和交往，是他们生活中认识世界和进行社会交往的组成部分。他们在掌握自然科学、社会科学知识和联系实际的过程中，将提高自己的道德修养和审美情趣。他们在班级的集体教学活动中，将依据一定的规范和要求来调节自己的思想和行为。这都为学生形成科学的世界观提供了坚实的基础。

上述三项任务，本身有内在的一致性，知识与技能、智力与能力、价值观与态度都交织在一个人的学习活动之中。而各门学科由于在教学实践中所承担任务的不同，又各有自己的重点。

4. 现代教学论关注学生个性的发展

以马克思主义关于人的全面发展学说为指导，协调学生知识、智力、兴趣、情感、意志、性格等各个方面的因素，追求教学与教育的统一，促进学生个性的发展。为此，通过教学，激励每个学生的主体能动性，不仅使他们有现代科技文化知识，而且有自觉能动性、独立主动性和开拓创新性，有强烈的竞争意识、平等观念和合作精神。

二、教学过程

教学过程是根据教学目的、任务和学生身心发展特点，通过指导学生有目的、有计划地掌握系统的科学文化知识和基本技能，发展学生智力和体力，形成科学的世界观及培养道德品质、发展个性的过程。

教学过程的理论是教学的基本理念，历代中外教育家曾以不同的观点、不同的角度对教学过程做过种种的探索，提出各自的见解。研究教学过程的核心问题是教学认识的方式问题。

早在公元前 6 世纪，我国伟大的教育家孔子在丰富的教学实践基础上，把学习过程概括为一思一行的统一过程。后来的儒家学派孟子进一步提出"博学之、审问之、慎思之、明辨之、笃行之"（《礼记·中庸》）其重点在说明学习过程。17 世纪捷克教育家夸美纽斯认为，"一切知识都是从感官的知觉开始的，"主张教学建立在感觉活动的基础上，通过学生的感觉逐渐逼近事物，进而形成认识。在夸美纽斯以后近三百年，两种不同的理论派别，即经验论和唯理论对教学理念的发展产生了深刻的影响。

早期的经验论认为，知识来自于感觉经验，任何复杂的知识都是由最简单的感觉要素组成的，认识的产生在于认识的主体接受客体传来的刺激，从而获得感性经验，形成观点，然后储存在记忆中。理论知识只是经验知识的简单排列与组合。人的所有知识均来自于客体，主体有如白板或镜子，客体将其印记在主体身上，认识只不过是对外界客体的最简单复写。这就是从洛克的白板说一直到行为主义的"刺激——反应"(S-R) 理论观点。

与经验论对立的是唯理论，唯理论贬低经验，主张离开经验凭借理性去创造知识。认为知识来源于有自我意识的主体或由主体内部预先形成的结构展开。人的头脑如同一台电影放映机，儿童是带着一个内在的胶卷库来到世界的。这就是从柏拉图一直到康德的先验论、唯理论的主张。经验论与唯理论各执一端，因此，在教学理论研究与实践中，导致了片面的认识方式。德国的教育家赫尔巴特对教学过程的分析，集中反映在他的统觉论及教学形式的阶段理论上。他认为学生获得知识是观念的联合，是新观念和旧观念联合的过程。他提出学生掌握系统的书本知识的认识发展形式程序阶段是：明了—联想—系统—方法。美国实用主义教育家杜威在主观唯心主义经验论基础上，提出了他对教学过程的不同主张。杜威认为，教育是经验的不断改造，一切均来自经验，"行"先于"知"，要遵循着这种自然的途径，设置一定的情境，使学生"由做事而学习"，因此教学过程应分为以下几个步骤：情景 -- 问题 -- 观察 -- 解决 -- 应用。马克思主义认识论的产生，使苏联教学理论和实践的发展以及对教学过程的研究，获得很多的成果，但也有过于简单化、形式化的缺点。

20世纪50年代以来，学者们以强调师生交往、认知结构的构建、信息加工以及系统状态变换等不同观点来对这一过程进行解释。这些不同的观点，各有其哲学、心理学的理论依据，并在一定程序上反映着对教学实践认识的不断发展。

如何认识教学认识过程本质？长期以来，教育理论对此进行了许多有关的探索，提出了不同的看法。归纳起来，有代表性的有以下几种观点：

一是认识——发展说。这种观点认为，教学过程是教师有目的、有计划地引导学生掌握文化科学基础知识和基本能力，逐步养成辩证唯物主义世界观和共产主义道德品质过程。

二是认识——实践说。这种观点，把教学过程作为人类社会的一种特殊的认识过程，是认识和实践统一的活动过程。是学生在教师指导下，对人类已有知识经验的认识活动和改造主观世界、形成和谐发展个性的实践活动的统一过程。

三是交往说。这种观点认为，教学是教师教与学生学的统一，这种统一的实质是交往，教师与学生是"交互主体的关系"，因此，教学过程是教师与学生以课堂为主渠道的交往过程。

四是多重本质说。这种观点认为，教学过程既是多层次、多类型的，那么教学过程的本质也应该是多级别、多类型的，从而提出教学过程有认识论、心理学、生理学、伦理学和经济学五个方面的本质。

观点的分歧，在于研究者认识这一问题的角度、侧重点以及所持教学观的不同。对教学过程本质的争论，有利于打开人们的思路，防止二元化、形而上学的弊端。

在我国，长期通行的看法是把教学过程看作是一种特殊的认识活动，是实现学生身心发展的过程。其主要观点为：

（一）教学过程主要是一种特殊的认识过程

教学过程首先主要是一种认识过程，是教师教学生认识世界的过程，教学过程包括教师教与学生学这两个既有区别又相互依存的有机统一活动。这里的认识不等于"认知"，是一个层次高于心理学中的认识的哲学概念，即人脑对客观世界的积极反映，概括了心理学上认识、情感、意志以及个性心理品质形成等全部活动和过程。教学过程其内部发展的动力是教师提出的教学任务同学生完成这些任务的、实际水平之间的矛盾，同样受一般认识过程普遍规律所制约。也就是说，认识的普遍规律为揭示教学过程的规律指明了总的方向和根本线索。

教学过程是一种特殊的认识过程。教学过程作为认识的一种特殊形式，其特殊性在于它是学生个体的认识，是不同科学家、艺术家、实际工作者、成年人等的个体认识，是由教师领导未成熟的主体通过学习知识去间接认识世界，发展自身。其目的在于学生在教师指导下，把社会历史经验变为学生个体的精神财富，不仅使学生获得关于客观的映象即知识，也使学生个体获得发展。

教学过程认识的特殊性表现在：

1. 认识的间接性

学生学习的内容是已知的间接知识，并在教学中间接的去认识世界。教学过程中学生认识的客体是学生认识活动指向的对象，主要方面是以课程教材为基本形态，不是一般的"原理"形态。为了有目的地塑造学生主体和加速其认识进程，课程教材经过教育者精心选择，加工改造，是根据社会发展需要和人的发展需要，从人类知识宝库中挑选和提炼出来的最基本材料，是前人已经发现和总结的认识成果——系统化和概括的知识体系。它既是学生认识的对象，又是他们认识外界和发展自身的工具，具有中介性。教学认识基本方式是"掌握"，是一种简约的经过提炼的认识过程，有多种模式，且同样以教学实践活动为基础。

2. 教学过程的交往性

交往，是人与人之间在共同活动中发生相互作用和联系的基本方式，也是社会群体赖以生存、发展的必要条件。教学活动是一种社会性交往活动，是发生在师生间（学生间）的一种特殊的交往活动，具有鲜明的社会性。通过教学交往，可以克服单个主体的种种偏见、差异，是学生在直接经验范围内难以获得的新信息、新知识、新方法和新观念，使信息得以整合、共享。因此，学生的认识不能离开师生间的特定情境和脱离特殊目的进行的交往，只有通过交往，在交往中，学生才能得到真正的发展。

3. 教学过程的教育性

教学永远具有教育性，这是赫尔巴特率先明确提出来的观点。他认为，理性、情感和意识都是在知识基础上产生的，而教学是形成人的品德的基本途径，主张把知识涵养和人格统一于教学过程之中。

教学认识的教育性，首先表现在教学过程中传授的各门学科知识，无论是自然科学，还是社会科学，使学生获得一定知识、能力的同时，综合学科自身特点，对学生进行爱国主义、集体主义、社会主义和世界观、人生观、价值观以及科学精神、科学方法、科学态度等方面的教育，使学生形成相应的对自然、社会、人类自身的立场、观点和态度，对学生的人生观、价值观产生深刻影响。第二，教学过程的组织，教学方法的运用，具有潜在的教育性。被动接受、机械模仿只会使学生养成盲目的态度和性格，只有当学习成为在教师指导下学生主动地、富有个性的过程时，学生的创新意识与能力才能得到很好的提升。第三，教师教学的责任感、价值、思想作风、言行举止以及校园环境、人际关系等对学生发展也有重要影响。教学中学生的认识既是目的的，也是手段，认识是发展。在教学过程中，学生不仅掌握知识，发展能力，而且形成或改变思想品质和价值观念。正是在认识中追求与实现着学生的知、情、意、行的协调发展，养成人文素养与科学素养相结合的人格。

4. 教学过程的引导性

区别于一般的认识过程，学生的个体认识始终是在教师的指导下进行的。教学认识是在主客体之间"嵌入"一个起主导因素的中间因素——教师，形成学生（主体）、课程与教材（客体）、教师（领导）相互作用的特殊"三体结构"。教师"嵌入"教学过程主要是为学生高效快捷地掌握人类文明经验、为学生个体认识提供稳定支持和有效保障。教师的指导影响着教学过程中学生认识的方向、内容、途径等，并对它的结果和质量负责。

因此，教学过程是学生在教师指导下，借助教材的帮助，掌握科学认识方法，以正确的途径认识现实世界并改造主观世界，发展自身的活动过程。

（二）教学过程的基本特点及其规律

教学规律，指教学现象中客观存在的、具有必然性、稳定性、普遍性的联系，对教学活动有着制约、指导作用。教学过程内部的各种因素相互依存、相互作用，形成了一些稳定的、必然的联系，这正是教学过程规律性的体现。按照上述对教学过程的理解，教学过程的基本特点及其规律主要有：

1. 间接经验与直接经验相结合

每个个体的认识，有直接经验和间接经验两种基本来源。直接经验是每一个人在自己认识、探索和改造世界的过程中，体悟、感知和概括出来的经验，这是个人的经验。间接经验，则是人类在文明史的演变中所积累起来的一切经验，主要体现为自然学、社会科学、文学艺术等文化成果，是个人通过交往等活动获得的其他人的经验。间接经验与直接经验相结合，反应教学系统中的科学文化知识与学生丰富感性知识的关系，理论与实践的关系，知与行的关系。

（1）学生以学习间接经验为主

教学中学生学习的主要是间接经验。首先，在学习内容上，学生学习的内容是经过系统选择，精心加工，简化和典型化的人类经验精华。其次，在认识方式上同样表现出间接经验。学生主要通过读书接受现成的知识，然后再去应用和证明。这是一条认识的捷径，可以避免人类曾经历过的曲折和失败，使学生能用最短的时间掌握大量的系统的文化科学基础知识，同时，还可以使学生在新的起点上继续认识客观世界，继续开拓新的认识领域。

（2）学生学习间接经验要以直接经验为基础

要使人类的知识经验转化为学生能真正了解掌握的知识，必须依靠个人以往积累的或现时获得的感性经验为基础。原因在于，学生学习的书本知识是以抽象的文字符号表示的，是前人生产实践和社会实践的认识和概括，而不是来自学生的实践与经验。教学中应积极创造条件，引导学生，调查、探究，在实践中学习。

需要指出的是，教学中学生直接经验的获得，与人类实践活动中直接经验的获得方式不尽相同。教学中往往将直接经验典型化、简约化，主要方式是实验、演示教学录像，参加一定的生产劳动、社会调查，设置模拟的生活情景让学生体验等。选择的经验材料是经过改造的、少量的且充分反映事物本质特征的。

2. 掌握知识与发展智力能力相统一

掌握知识与发展智力、能力相互依存，相互促进，二者统一在同一教学活动中。现代教学论认为：教学不仅要使学生掌握知识技能，而且要发展学生的智力和能力，包括一般认识能力和特殊能力。重视教学的发展性，是新时代的要求。

（1）掌握知识是发展能力的基础

学生认识能力的发展有赖于知识的掌握。知识为能力提供了广阔的领域。向学生介绍关于归纳、演绎、解决问题等思维方法的知识，就是把实际操作的方式交给学生。掌握知识的过程必然要求学生积极进行认识、思考和判断等心智活动，只有在实际操作的活动中才能发展认识能力。

（2）智力能力发展是掌握知识的重要条件

学生掌握知识的速度与质量，依赖于学生原有智力水平的高低。认识能力具有普遍的迁移价值，它不但能有效地提高学习质量和效率，推动学生进一步掌握知识，而且有利于促使学生将知识应用于社会实践活动，从而获得完全的知识。

目前教学中，特别强调学生实践能力与创新能力的培养，注重过程与方法，培养学生的自主性、主动性和创造性。

（3）掌握知识与发展智力相互转化的内在机制

知识不等于智力，学生掌握知识的多少并不完全表明其智力的高低，而学生智力的发展也不是一个自发的过程。必须探索两者之间的差异以及相互转化的过程和条件，以引导学生在掌握知识的同时，有效地发展他们的智力和能力。

知识与能力的互相转化，一般来说应注意以下条件：第一，传授给学生的应该是科学的规律性的知识。只有掌握了规律性的知识才能举一反三、触类旁通，才能实现知识的迁移。也只有规律性的知识，才能体现理论思维的形式。第二，必须科学地组织教学过程。启发学生独立思考、探索和发现，鼓励学生选择不同的学习方法和认识策略去解决问题，学会学习，学会创造。第三，重视教学中学生的操作与活动，培养学生的参与意识和能力，提供学生积极参与实践的时间和空间。第四，培养学生良好的个性品质，重视学生的个性差异。

3. 教学过程中科学性与人文性的统一

科学性表现在认知的、分析的、逻辑的、思辨的理性方面，学生不仅获得有关的科学概念，掌握基本原理、基本技能，而且培养科学态度以及进行科学研究的基本能力。认识中的人文性则表现为情感的、艺术的、综合的、直观形象的非理性方面，群体间的社会交往，环境的隐性影响，使学生形成对周围世界和对自己的一种具备积极而理智的、富有情感、探索意识、超越意识的行为方式。教学活动，既是科学活动，同时也是人文艺术活动。学生对教材的掌握，不仅通过系统严谨的逻辑思维方式，也通过形象感受、情感体验的方式教学过程既是遵循科学规律进行的活动，又是富有情感和技术创造的活动。正是科学与人文、理性与非理性的协调，才能达到真、善、美的统一。

4. 教师教与学生学的统一

教学活动是教师的教和学生的学组成的双边活动，如何处理好教与学的关系一直是教育史上的一个重要的理论和实践问题。传统教育倾向于把师生关系看做是单向的授与受关系，以教师为中心，强调教师的权威和意志，把学生看做是被动的知识接受者。儿童中心主义又走向另一极端，在教学中把教师降到从属地位。现代教学论强调教与学二者的辩证关系，教学是教师教学生去学，学生这个学习主体是教师组织的教学活动中的学习主体，教师对学生的学习起主导、指导作用。

承认学生在教学过程中作为学习主体的地位，充分发挥学生参与教学的主观能动性。在教学中，学生是学习的主体，其能动性表现在：受学生本人兴趣、需要以及所接受的外部要求的推动和支配，学生对外部信息选择具有能动性、自觉性；受学生原有知识经验、思维方式、情感意志、价值观等制约，学生对外部信息进行内在加工具有独立性、创造性。

这里需要说明的是：学生的主体地位是在教师主导下逐步确立的。学生这个主体从依赖性向独立性发展，正是教师主导的结果。

承认教师在教学过程中处于组织者的地位，充分发挥教师的主导作用。教师是对教学工作全面负责的人，他代表社会并依据教育规律与人的发展规律来设计具体的教学目标、内容、形式和方法，组织实施教学过程，评估学生学习的结果。教师的主导作用表现在：教师的指导决定着学生学习的方向、内容、进程、结果和质量，起引导、规范、评价和纠正等作用。教师的教还影响着学生学习方式以及学生学习主动性积极性的发挥，影响着学生的个性以及人生观、世界观的形成。

建立合作、友爱、民主、平等的师生交往关系。教学过程是师生共享教学经验的过程，在此过程中师生共同明确教学目标、交流思想情感、实现培养目标。在师生交往活动中，教师首先要尊重学生的人格，关注学生个体差异，满足学生发展的不同需要；教师要善于形成能引导学生主动参与的和谐情境，鼓励学生主动参与，学习合作；要善于寻找或激发学生的学习兴趣和产生积极体验的需要，鼓励学生积极学习；要善于从学生的年龄特征和个别差异出发，尊重学生的个性和才能；善于洞察学生的内心世界，培养学生自我调节能力，鼓励学生大胆创新，同时给予学生自我表现的机会，使学生不断获得成功的体验等等。

对教学过程本质及规律的认识，随教育观的不同而不同。有关这方面的认识和研究，在当前业内正在逐步多元化和深化。

（三）教学过程的结构及教学模式

教学过程的结构指教学进程的基本阶段。学科性质不同、教学目的任务不同和学生的年龄阶段不同，教学过程的展开、行进和发展的顺序是不完全一样的。教学过程没有一成不变的程式，且呈现多样综合的特点。

1. 两种基本的学习方式

按照学生认识活动的方式，存在接受式学习和探究式学习两种基本形态。接受式学习是借助语言获得知识的方式，其基本特点是：

(1)以掌握科学知识为基本任务

(2)认识的科学性与人文性相统一

(3)学生认识活动的指导性、可控性

(4)对学生自主学习能力的关注

接受式学习，强调学生学习的知识，不仅要反映概念、原理的内在联系，而且要反映知识的生产者在探索、创造知识的过程中理论思维的过程及研究方法；不仅反映既定的发展到一定成熟阶段的知识，而且反应客观事物的多样性、丰富性和不确定性，追求开放的多种结论；学生不仅要将科学知识作为认识的条件，而且也要将自己作为认识的客体，不断对自己进行反思评价，不断进行自我认识、自我调节。

探究式学习，是借助提供结构化材料，指导学生进行操作与思考而获得知识的方式，其基本特点是：

（1）以增进学习者的创造才能为主要任务

（2）以解决问题为主题

（3）学生的自主选择，教学的非主导性

（4）对探究性认识过程的关注。

正是将认知与情感、指导与非指导、抽象思维与形象思维、能动与受动、外部物质活动与内部意识活动、个体与群体等诸因素加以协调、平衡，从而使教学过程成为一个完整的认识与发展过程。

2. 学生认识的基本阶段

按照教师组织教学活动中所要求实现的不同认识任务，可以划分出教学过程中学生认识的不同阶段。

引起学习动机。学习动机是推动学生学习的一种内部动力。学习动机往往与兴趣、求知欲和责任感联系在一起。教师要使学生明确学习目的，启发学生的责任感，激发学生学习的积极性。

领会知识。这是教学的中心环节，领会知识包括使学生感知和理解教材。首先，教师要引导学生通过感知形成清晰的表象和鲜明的观点，为理解抽象概念提供感性知识的基础并发展学生相应的能力。感知的来源包括：学生已有的知识经验、直观教具的演示、参观或实验、教师形象而生动的语言描述和学生的再造想象以及社会生活实践。第二，理解教材，形成科学概念。引导学生在感知基础上通过分析、比较、抽象、概括以及归纳、演绎等思维方法的加工，形成概念、原理，真正认识事物的本质和规律。理解教材可以有两种思维途径：一是从具体形象思维向抽象逻辑思维过度，二是从已知到未知，不必都从感知具体事物开始。

巩固知识。通过各种各样的复习，对学习过的材料进行再记忆并在头脑中形成稳固的联系。巩固知识往往渗透在教学的全过程，不一定是一个独立的环节。

运用知识。学生掌握知识的目的在于运用，教师要组织一系列的教学实践活动引导学生动脑、动口和动手，以形成技能技巧，并把知识转化为能力。

检查知识。检查学习效果的目的在于，使教师及时获得关于教学效果的反馈信息，以调整教学进程与要求。帮助学生了解自己掌握知识技能的情况，发现学习上的问题，及时调节自己的学习方式，改进学习方法，提高学习效率。

以上几个阶段既有各自独特的功能，又紧密联系、互相渗透。

（四）教学模式的研究

什么是教学模式？

教学模式指在一定的教学思想指导下，围绕教学活动中的某一主题，形成相对稳定的、系统化和理论化的教学模型。

研究教学模式的意义在于：教学模式作为教学理论具体化和教学经验概括化的媒介，提供一种相对稳定的和具有范式意义的教学结构，有利于人们去把握和利用，并帮助我们从整体上去综合地讨论教学过程中各种因素之间的相互作用及其多样化的表现，有利于我们从动态上去把握教学过程的本质和规律。

目前我国形成的几种基本教学模式类型：

1. 以教师教授为主，系统传授和学习书本知识的教学模式

2. 以学习者为中心，组织学生从活动中学习的教学模式

3. 设置个人的学习环境，严格控制学习进程的自学辅导教学模式

4. 提供结构化材料，引导学生进行探索学习的教学模式

5. 在创设的情境活动中进行潜移默化学习的教学模式

6. 以行为技能训练为主的示范模仿学习的教学模式。

关于教学模式的选择和研究，要注意以下几点：要有"多样综合的"观点，防止模式化、程序化；要根据一定的教学目标，在具体分析学科知识结构及学生认识特点的基础上灵活运用各种教学模式；研究学科教学过程的特点和规律，是构成教学模式的重要基础；研究教学模式的最终目的是使教学达到艺术水平。因此，必须结合教学实践，勇于开拓创新，形成个人的教学风格，使科学性与艺术性相结合。

三、教学原则与教学策略

（一）我国中小学的教学原则

教学原则是根据一定的教学目的和对教学过程规律的认识而指定的指导教学工作的基本准则。

古往今来，许多教育家在总结教学实践经验的基础上，根据不同的心理学及教育学理论，对教学原则进行了各自的概括。从古代孔子提出的启发式原则，近代夸美纽斯基于自然适应性理论所构建的教学原则体系，到现代布鲁纳、赞科夫所提出的发展性教学原则，为我们展示了教学原则在一定历史条件下随教学实践的发展而不断完善的过程。教学原则具有历史性和客观性。

在我国，经过长达半个世纪的对教学理论与实践的研究，建立了以下几个基本原则：

1. 科学性和思想性统一的原则

这一原则指教学要以马克思主义为指导，以符合科学要求的内容、方法、组织形式进行教学，并结合教学对学生进行道德品质和正确的人生观、世界观的教育，要求正确处理教学中知识学习与思想品德教育的关系。在教学的科学性方面，要求教学内容反映客观规律和当代最新科学成就，培养健康、积极的情感。遵循科学教育的态度让学生掌握发现、分析、解决问题及验证理论的科学方法。教学的思想性方面，要求从科学只是内在的思想性出发，将其中内涵的世界观、方法论、历史观、价值观、情感、伦理行为规范等方面的因素挖掘出来，要有意识地结合社会实际和学生实际进行思想品德教育。

2. 理论联系实际的原则

这一原则要求教师在教学中处理好理论知识与客观实际之间的关系，加强教学与现实生活的联系。教学中的生活实际有三个方面的内涵：一是教学规定的与实践相关的活动性作业，如实践、实习、参观等；教师要充分利用直观教具、电子化教育手段，丰富学生的感性知识。二是学生本身的实际；三是社会实际。教师积极开发实践环节，通过教学不仅帮助学生深化对书本知识的理解，使学生会运用知识去解决实际问题的基本技能和方法，而且让学生体验过程，得到某种经验、经历或体验。

3. 循序渐进与促进发展相结合的原则

促进发展是现代教育的重要观点。这一原则是指教学既要按照学生身心发展及学科知识渐进顺序进行，又要尽可能地促进每一个学生的发展，正确处理学生现有发展水平与可能发展水平之间关系。因此，要正确认识和科学估计学生现有发展水平及其潜在的发展可能，科学合理的组织教学，以促进每一个学生的发展。同时，教学要掌握学生发展从量变到质变的飞跃，在学生可接受的程度上发展。

4. 教师主导作用与学生主动学习相结合原则

这一原则指教师在教学中既要发挥主导作用，又要充分调动学生学习的主动积极性，引导学生学会思考，独立地获取知识和运用知识。这一原则要求正确处理教与学的关系：建立教学相长的师生平等关系，发扬民主教学，充分尊重学生的个性；激发学生的学习兴趣和求知欲，充分调动学生学习的主动性；引导学生积极思维，学会思考问题的方法，培养学生自学和独立工作能力；从学生实际出发，注意照顾学生的个别差异，因材施教。

5. 集体教学与因材施教相结合原则

教学既要面向全体学生，适合全班学生的发展水平和需要，又要注意个别差异，以便发挥每个学生的积极性和特长。充分了解学生，从实际出发进行教学。教师要用多方面的、发展的眼光来了解和研究学生，把握同龄学生存在的共性和个性，从而为科学合理的组织教学提供基础。采用集体教学、小组合作学习与个别辅导相结合的教学形式，面向大多数学生与区别对待相结合。正确对待个性差异，充分发挥每一个学生的潜力。

以上原则反应和解决的矛盾各有侧重，但在教学实践中都不是单独起作用，而是彼此密切联系、相辅相成的，建构了一个完整的体系，只有综合运用才能发挥整体效应。

（二）关于教学策略的研究

1. 什么是教学策略？

"教学策略"原是教学系统论、教育工艺学术语之一，指建立在一定理论基础上，为实现某种教学目的而指定的教学实施总体方案。

包括合理选择和组织各种教学内容、材料，确定师生行为、程序等内容。在现代教育意义下的教学策略，指在一定教学观指导下，教师根据一定的情境，合理处理教学各因素关系而采取的工作方式。

作为一种教学策略，它提供给人们的是一种在一定理论框架指导下的思维方式和行为准则，而不是按照一定操作规程机械套用的"傻瓜相机"。教育实践工作者通过掌握科学合理的教学策略，结合教育教学实际进行生动丰富的创造，这才是现代教学策略的生命力所在。

2. 现代教学策略的构建

近20年来，国内教育工作者在对原有不合理的教学思想与行为进行反思批判的基础上，立足于学生的认识，立足于人的发展，在现代教学观念指导下，对现代教学策略进行了积极的探索。在现代教学策略的构建上，形成了以下几点共识：

现代教学策略的构建，追求目标是：改革课程实施中存在的过于强调接受学习、死记硬背、机械训练的问题，提倡学生主动参与、乐于探究、勤于动手，培养学生搜集和处理信息的能力、获取新知识的能力、分析和解决问题的能力以及交流合作的能力。

构建教学策略应遵循的理论思路：在实践活动的基础上通过交往促进学生发展。教学过程是学生主动构建知识的过程。学生通过个体与群体操作活动的主动参与观察、思考、探索，是在教师指导下凭借原有的认识结构对来自客体的信息进行选择和加工处理的过程。学生正是在操作的过程中，认识和掌握客体的特征和关系，并借助体系把它们加以区分和概括，从而获得理性认识。同时还应该看到，教学过程是社会性交往过程。教学中主体和客体的关系必须通过主体自身的对象性活动，通过合作与交往才能自觉地建立起来，通过个体与群体交往，从他人身上反观自我，以自我为尺度评判他人，从而形成符合实际的自我评价、积极的自我体验和主动的自我调控的能力，不仅掌握知识及相应的思想方法，建立优化高效的学习策略，而且培养学生独立获取知识的能力，创造性运用知识的能力，独立解决现实问题的能力。也正是借助于学生主体参与和合作学习，学生才能真正掌握凝结在精神文化中的社会道德准则、理想、审美意识、情感、责任感、义务感，形成内在的价值目标，从而实现从道德认识向道德行为的转化，培养良好的个性和人格。

现代教学策略实施的核心问题是学生学习方式的转变。现代教学策略的实施，

强调现代学习观的确立,因此,教学策略实施过程应体现出对以下几个问题的关注:

①选择性学习

学生的学习是一种选择性的学习,学生作为能动的学习主体,在以下三方面表现出个别差异上的较强的选择性。一是学生能根据学习的需要,有效地选择自己的学习内容;二是具有捕捉信息的敏锐感受和理解信息的能力;三是,面对大量的信息能根据自己的需要进行分类、整理、加工和改造。

②参与性学习

参与,指学生积极主动的参加各种教学活动的行为。正是作为认识主体的主动参与,体现了教学过程中科学实践观和主体能动性的统一。

学生主体参与是在教学环境条件下的一种特殊活动,是一个师生互动的过程。要使学生积极主动地参与学习,要特别处理好以下几个关系,以排除影响学生主动参与的不利因素。一是教师讲授与学生接受的关系,文化知识的传递与文化知识的选择、应用、创新的关系。二是整体推进与个别化的关系,既要保证班级整体教学的高质量、高水平,又要适应学生个体的差异性,注重学生个性发展,分层分类指导和推进,使每个学生都能积极参与。三是学生参与其中,处理好合作与竞争的关系,形成学习共同体以产生整体效应 。

参与学习要注意学生参与学习的情景性、过程性、差异性和群体性,还要注意学生参与的目的性、实效性,保证学生有足够的参与时间和体验的机会。对社会生活中的现实现象,注意在教学中寻找新的视角和切入点,使学生形成新的认识,启迪科学思维,并揭示事实现象的本质。

③自主性学习

学生的学习,是一种自主性学习,是学生自主进行知识构建,体悟科学的方法,而不是复制知识的过程。学生学习的自主性,集中体现在学生个体有明确的目标意识,能自觉地确定学习目标,自主选择学习内容,自我调控学习进程,自主评价反思学习结果,从而保证学习目标的实现。在自主性学习的过程中,重在引导学生树立科学的评判精神,敢于质疑;培养学生的问题意识,形成善于发现问题、提出问题的能力,以及反思的意识和习惯。

④合作学习

学生的学习是一种社会性的学习,是师生共同构建学习主体的过程。在充分尊重人格的基础上,通过多样、丰富的交往活动,不仅为学生提供一个自由和谐的教育环境，而且使教学活动成为一种社会文化活动。通过学习在促进学生认识发展的同时，培养学生的社会适应性。包括：强化学生社会交往意识和社会角色规范，培养学生的任务意识、合作意识、责任感和团结合作精神，并获得一定的社会经验。

合作学习，提倡形成合作学习小组进行探究性学习。首先，小组合作学习的任务应有一定难度，问题应有一定的挑战性，有利于激发学生的主动性和小组学习活动的激情以及发挥学习共同体的创造性；第二，处理好集体教学、小组合作学习的时间分配；第三，每个学生自主性学习的质量是合作学习实效性的基础；第四，注意适时引进竞争机制及激励性评价，使每个小组间通过竞争共同得到提高的同时，个人及小组群体分享成功的快乐；第五，小组研讨的民主性，超越性是保证合作学习实效性的关键。这里，小组研讨的民主性表现在充分尊重与众不同的思路和独到见解，吸纳与众不同的观点。小组研讨的超越性，则体现在作为学习的共同体所表现出的独创性、创造性。

⑤ STEAM 教育

STEAM 代表科学（Science）、技术（Technology）、工程（Engineering）、艺术（Art）、数学（Mathematics）。STEAM 教育就是科学，技术，工程，艺术，数学的教育。在国家实力的较量中，获得 STEAM 学位的人数成为一个重要的指标。

美国政府 STEAM 计划是一项鼓励学生主修科学、技术、工程、艺术和数学（STEAM）领域的计划，并不断加大科学、技术、工程和数学教育的投入，培养学生的科技理性素养。

STEAM 教育的建立是基于不同学科之间的融合然后形成一个新的整体，将原本分散的学科形成一个整体，由此形成当下日趋受到重视的、跨领域的 STEAM 教育。美国高度重视 STEAM 教育的根本原因，在于其深刻认识到美国科学技术的滑坡在于其人才的严重短缺，这在美国近 10 余年来的大量文献中屡屡被提及。

STEAM 教育重在培养学生的四种素养：

第一，科学素养（Scientific literacy）。这是一种运用科学知识和过程（如物理、化学、生物科学和地球空间科学）理解自然界并参与影响自然界的有关决策，主要包括三大领域：生命与卫生科学、地球与环境科学、技术科学。

第二，技术素养（Technological literacy）。这是指使用、管理、理解与评价技术的能力。学生应当知道如何使用技术，了解技术的发展过程，具备分析新技术如何影响自己、国家乃至整个世界的能力。技术是对自然环境的革新与改造以满足人们的现实需要。

第三，工程素养（Engineering literacy）。这是指对技术的工程设计与开发过程的理解。工程课程是基于项目，整合了多门学科的知识，使得难以理解的概念与学生生活密切相关，激发学生解决问题的兴趣。工程设计是把科学与数学原理系统地、创造性地用于实践的结果。

第四，数学素养（Mathematical literacy）。这是指学生在发现、表达、解释和解决多种情境下的数学问题时进行分析、推断和有效交流思想的能力。

一个有效的 STEAM 教育系统的基本要素：

a 学生及家长的积极参与。

家长、政府、商业和企业、私人和公共基金会、社会名人、科学家和工程师、媒体和其他利益相关者之间应组成各种联盟，共同关注这一需求，并在当地合作采取相关策略，为所有学生提供高质量的 STEAM 教育。

b 明确的教育目标和评估机制。

美国教育系统分散管理的特征导致学区课程的易变性。尽管这是美国教育系统的优势，但缺乏一致性也会导致地区间严重的不平衡，给那些经常在学区间流动的学生带来不便。

c 高素质的教师。

具有奉献精神的高素质师资队伍是确保所有学生接受高质量 STEAM 教育的核心因素。在劳动力市场上，这些受过 STEAM 教育的专业人员会获得比教学职业更多的报酬——这是使 STEAM 教师放弃教学的一个原因。

给教师提供世界一流的资源和支持。

即使是最好的教师也需要教学材料、技术、资源和专家的支持。教师没有必要开发自己教授 STEAM 课程所需的所有工具。先进的技术可以提供很多用于课堂教学的工具。

第四节　教学方法、组织形式与教学评价

一、教学方法的概念

教学方法是指在教学过程中，教师和学生为了实现教学目的、完成教学任务而在共同活动中采用的方法。

教学方法是教学工作的一个重要组成部分，它直接关系着教学工作的成败、教学效率的高低和把学生培养成什么样的人。因此，能否正确的理解、选择和运用教学方法，就成为是否能够实现教学目的、完成教学任务的关键因素之一。

中小学常用的教学方法及基本要求：在教学工作中，根据教学方法的外部形态和学生认识活动的特点，可以把我国中小学常用的教学方法分为以语言传递信息为主的教学方法、以直接感知为主的教学方法、以实际训练为主的教学方法和以引导研究为主的教学方法。

（一）以语言传递信息为主的教学方法。以语言传递信息的教学方法，是指教师运用口头语言向学生传授知识和技能、发展智力以及指导学生学习的方法。

以语言传递信息为主的教学方法主要有讲授法、谈话法、讨论法和读书指导法。

1. 讲授法

讲授法是指教师通过简明、生动的口头语言向学生系统地传授知识和技能的方法。它主要通过循序渐进的叙述、描绘、解释、推论来传递信息、传授知识、阐明概念、论证规律和定理，引导学生分析和认识问题、并促进学生的智力与品德发展。讲授法可以分为讲述、讲解和讲演三种。讲述是教师向学生描绘学习的对象、介绍学习的材料、叙述事物产生变化的过程；讲解是教师向学生对概念、原理、规律、公式等进行解释和论证的过程；讲演则是教师向学生系统而全面地描述事实，通过分析、论证来归纳和概括科学的结论的过程。

讲授法的基本要求是：

（1）教授内容要有科学性、系统性和思想性。既要突出重点、难点、又要系统、全面；既要使学生获得可靠的知识，又要在思想上有所提高。

（2）注意启发。在讲授中要提出问题，并引导学生分析和思考问题，使他们的认识活动积极开展，自觉地领悟知识。

（3）讲究语言艺术。力求语言清晰、准确、精炼、形象、条理清楚、通俗易懂；讲授的音量、速度要适度，注意音调的抑扬顿挫；以姿势助说话，提高语言的感染力。

2. 谈话法

谈话法又叫问答法，是教师和学生以口头语言问答的方式进行教学的一种方法。从实现教学任务来说，谈话法主要有引导性的谈话、传授新知识的谈话、复习巩固知识的谈话和总结性谈话。在课堂教学中，无论是哪种形式的谈话，都应设计不同类型的问题，开展不同形式的谈话活动，调动学生的学习积极性，这是发挥谈话作用的关键所在。

谈话法的基本要求是：

（1）准备好问题和谈话计划。在上课前，教师应根据教学内容和学生的实际，准备好谈话的问题和顺序以及如何从一个问题引出和过渡到另一个问题。

（2）善于提问。向学生提出的问题要具体、明确、有趣和富有启发性，能引起学生思考。问题的难易要因人而异。

（3）善于启发和诱导。善于启发学生利用他们已有的知识经验或感性认识进行分析思考，研究问题或矛盾所在，因势利导，让学生一步一步地去获取新知。

（4）做好归纳、小结。当问题基本解决后，教师应及时进行归纳或小结，使学生的知识系统化、科学化，并纠正一些不正确的认识，帮助他们准确的掌握知识。

3. 讨论法

讨论法是学生在教师指导下为解决某个问题而进行探讨、辨明是非真伪以获取知识的方法。谈论法的类型很多，既可以是整节的课堂讨论，也可以十几分钟的讨论；既可以是全班性的讨论，也可以是小组讨论。

讨论法的基本要求是：

（1）讨论的问题要有吸引力。讨论的问题应简明、深浅适当，能够激发学生的兴趣，有讨论、钻研的价值。

（2）善于在讨论中对学生进行启发引导。教师应启发学生进行独立思考，勇于发表自己的观点和见解，积极引导讨论向纵深发展，研究关键问题，以便使问题得到解决。

（3）做好讨论小结。讨论结束前，教师应简要概括讨论的情况，引导学生获得正确的观点和系统的知识，纠正错误、片面或模糊的认识。

4. 读书指导法

读书指导法是指教师指导学生通过阅读教科书和参考书来获得知识、养成良好读书习惯的方法。读书指导法主要包括：

指导预习，教师要向学生提出要求，进行启发，使学生通过阅读能够初步了解课文，为学习新课做好准备；

指导复习，教师要提出明确任务、布置作业，以便加深对课本知识的理解；

指导阅读参考书，教师要指定适合的读物，因材施教、因人而异的提出要求，并给予知识上和方法上的指导，逐步培养学生的良好读书习惯；

指导自学教材，教师要启发和辅导学生以自学的形式来学习新课，调动学生的学习积极性，提高学生的自学能力。

读书指导法的基本要求是：

（1）提出明确的目的、要求和思考题。引导学生根据问题进行学习，使学生自主地掌握学习的方向、要求、质量、调节自己的行为，去实现学习目的。

（2）教给学生读书的方法。引导他们掌握朗读、默读、背诵以及浏览、通读和精读的方法，使他们学会利用读物本身的目录、序言、注释和工具书来帮助理解，学会做记号、提问题、做眉批、做摘要以及写提纲和读书心得等。

（3）加强辅导。对于学生在自学教材的过程中遇到的困难和问题，教师应及时进行指点、帮助解决。同时，教师还要认真检查、批改学生的作业，加强辅导。否则，自学将会流于形式。

（4）适当组织学生交流读书心得。在个人阅读的基础上，可以适当组织学生开展讨论、笔谈、办学习园地或交流心得体会，以巩固和增强读书收获，培养学生读书的兴趣和爱好。

（二）以直接感知为主的教学方法

以直接感知为主的教学方法，是指教师通过对实物或直观教具的演示和组织教学性参观等，引导学生利用各种感官直接感知客观事物或现象而获得知识的方法。这种教学方法的特点是具有形象性、直观性和真实性。以直接感知为主的教学方法主要包括演示法和参观法。

1. 演示法

演示法是教师通过展示各种实物、直观教具或进行示范性实验，引导学生通过观察获得感性认识的方法。在课堂教学中，演示不仅是帮助学生感知、理解书本知识的手段，也是学生获得知识、信息的主要来源。

演示法的基本要求：

（1）做好演示前的准备。教师在演示前应根据教学需要，做好教具准备。用以演示的对象要具有典型性，能够突出显示所要学习材料的主要特征。

（2）明确演示的目的、要求和过程。引导学生知道要看什么、怎样看、需要考虑什么问题，从而积极、主动、自觉地投入观察和思考。

（3）讲究演示的方法。演示应紧密配合教学，及时进行。在演示过程中，教师要向学生提出问题，或做适当讲解、指点，引导他们边看、边听、边思考、边议论，以获得最佳效果。

2. 参观法

参观法是教师根据教学任务的要求，组织学生到工厂、农村、展览馆、大自然和其他社会场所，通过对实际事物和现象的观察和研究从而获得知识的方法。参观法能够打破课堂和教科书的束缚，使教学与实际生活、生产密切联系起来，扩大学生的视野，在接触社会中受到教育。

参观法的基本要求是：

（1）事先做好参观准备工作。教师在运用参观法时，必须根据教学大纲的要求和教学任务的需要，事先制定出参观计划和步骤，明确参观目的的要求等。

（2）引导学生有目的、有重点地进行参观。在参观过程中，教师应适当结合讲解、谈话等方法，引导学生有目的、有重点地进行观察和思考，把注意力集中到参观的对象上，以更好地达到参观的目的。

（3）做好参观总结工作。参观结束后，教师应组织和引导学生进行总结，把参观和学习书本知识结合起来，真正起到获得感性认识、加深理解书本知识的作用。

（三）以实际训练为主的教学方法

以实际训练为主的教学方法，是指通过练习、实验、实习等实践活动，引导学生巩固和完善知识、技能和技巧的方法。以实际训练为主的教学方法包括练习法、实验法和实习作业法。

1. 练习法

练习法是教师引导学生运用知识去完成一定的操作，以巩固知识、形成技能技巧的方法。练习的种类很多。按照培养学生不同方面的能力，可以分为口头练习、书面练习、实际操作练习；按照学生掌握技能、技巧的进程，可以分为模仿性练习、独立性练习和创造性练习；按照练习的内容可以分为心智技能练习、动作技能练习和文明行为习惯练习。

练习法的基本要求是：

（1）明确练习的目的和要求，掌握练习的原理和方法。任何练习都应以一定的理论为基础，都要掌握一定的程序、规范、要领和关键，才能提高练习的目的性和自觉性，保证练习的质量，防止练习中可能出现的盲目性。

（2）循序渐进，逐步提高。在练习的数量、质量、难度、速度、独立程度和熟练程度、综合运用与创造上，对学生都应有计划地提出要求，引导学生由易到难逐步提高，达到熟练。

（3）严格要求。无论是口头练习、书面练习或操作练习，都要严肃认真，要求学生一丝不苟、刻苦训练、精益求精，达到最高的水平。

2. 实验法

实验法是学生在教师指导下，运用一定的仪器设备进行独立作业，观察事物发生与变化的过程，探求事物的规律，以获得知识和技能的方法。实验法不仅有助于学生理论联系实际，加深对概念、规律、原理等知识的理解，掌握实验操作技能，而且通过培养他们的探索研究和创造精神以及严谨的科学态度，有利于学生主体性的发挥。

实验法的基本要求是：

（1）做好实验前的准备工作。包括制定实验的课时计划，准备实验用品，分好实验小组，要求学生做好理论准备（如复习、预习等）。

（2）明确实验的目的、要求和做法，提高学生进行试验的自觉性。

（3）加强实验过程中的指导，对困难较多的小组或个人给予帮助，使每个学生都能积极投入实验。

（4）做好实验小结。包括指出实验的优、缺点，分析产生的原因，提出改进意见；要求学生整理好实验用品；布置学生写好实验报告。

3. 实习作业法

实习作业法是教师根据教学大纲的要求，组织学生在校内外一定的场地运用已有的知识进行实际操作或其他实践活动，以获得一定的知识、技能和技巧的方法。实习作业法对于贯彻理论联系实际的教学原则，促进教学与生产劳动相结合，培养学生的劳动观点和劳动技能，都具有重要作用。

实习作业法的基本要求是：

（1）做好实习作业的准备。教师应制定好实习作业计划，确定好地点，准备好仪器，编制好实习作业小组。

（2）做好实习作业的动员。教师应引导学生明确实习作业的目的、任务、程序、制度、纪律和注意事项，提高学生进行实习作业的自觉性。

（3）做好实习作业过程重点指导。教师应掌握学生实习作业的全面情况，发现问题及时进行辅导，以保证实习作业的质量。

（4）做好实习作业的总结。教师应要求学生由个人或小组写出全面的或专题的总结，以巩固实习作业的收获。

（四）以引导探究为主的教学方法

以引导探究为主的教学方法，是指学生在教师的组织、引导下，通过独立的探究和研究，创造性地解决问题，从而获得知识和发展能力的方法。发现教学、探究教学和问题教学都属于以引导探究为主的教学方法。这种教学方法的优点是，学生在教师的指导下完成比较复杂的课题或独立作业，可以激发学生的学习兴趣，逐步掌握探究问题的方法，提高他们分析问题和解决问题的能力，培养他们的创造性思维品质和积极进取的精神；其缺点是花费时间较多，不经济，而且需要学生具备相当的知识经验和一定的思维发展水平。同时，还需要有逻辑较为严密的教材和素质较高的教师。以引导探究为主的教学方法的基本步骤和过程是：创设问题情境，向学生提出要解决或研究的课题；学生利用有关材料，对提出的问题作出各种可能的假设和答案；从理论上或实践上检验假设，学生如果有不同观点，可以展开争辩；对结论作出补充、修改和总结。

以引导探究为主的教学方法的基本要求是：

（1）正确选择探究课题。教师应根据教学要求、教学内容以及学生的知识和能力水平的实际，来正确选择探究的问题。问题应有一定的难度和研究价值，需要学生运用已学的多方面知识，提出假设，并经多次尝试才能解决。

（2）创设进行探究的良好环境。在探究过程中，教师除了在活动场所、教学仪器和设备、图书资料、教学时间等方面给学生创造良好的环境外，还需要通过师生的共同努力，创造一种互尊互爱、好学深思、奋发向上的环境和氛围。只有这样，学生才会展开深入的讨论，积极交流心得体会，敢于发表不同的观点和见解。

（3）鼓励学生独立思考和自主探究。在探究活动中，应以学生为主，放手让学生独立思考和自主探究，并在这个过程中得到锻炼提高。教师不可越俎代庖，必要时才给予学生适当地启发和引导。

（4）循序渐进，因材施教。一般要从半独立探究逐步过渡到独立探究，从对单一问题的探究到复杂问题的探究，从参与局部的探究过渡到全过程的探究。

（五）教学方法的选择与运作

现代教学提倡以系统的观点为指导来选择和运用合适的教学方法。一般来说，教学方法的选择和运用主要依据以下几个方面：教学目的和任务；教学过程的规律和教学原则；本门学科的具体教学内容 ；各种教学方法的功能适应范围和适用条件；学生的实际情况和可接受水平，包括生理、心理和认知等方面；教师本身的素养，包括业务水平、实际经验、个性特点；学校与地方可能提供的条件，包括社会条件、自然环境、物质设备等；教学的时限，包括规定的课时与可利用的时间等。

二、教学组织形式

（一）教学组织形式的概念

教学组织形式是指为完成特定的教学任务，教师和学生按照一定的要求组合起来进行活动的结构。教学组织形式主要研究教师是如何把学生组织起来进行教学活动、如何分配教学时间、如何利用教学空间等问题。在教学活动中，教学任务的完成、教学过程的实施、教学方法的运用、课程的开设等，都必须凭借和运用一定的组织形式来落实。

（二）教学组织形式的历史发展

教学组织形式是在人类教学实践长期发展过程中逐步演变的，它随着社会生产力的发展和科学技术的进步，依据社会对人才培养要求，以及教学内容、教学手段等条件的变化而不断发展。教学组织形式主要受到以下条件和因素的制约：

生产和社会生活的需要；

教学内容的深度和广度；

课程的结构及其复杂程度；

随着科学技术的发展而出现的教学手段和设备提供的可能性。

上述条件和因素的变革，必然导致教学组织形式的发展变化，并产生与当时的历史条件相适应的教学组织形式。

1. 古代学校的教学组织形式

在古代社会，由于社会生产力水平低下，教育被统治阶级垄断，受教育的人数不多，学校教育普遍采用个别教授形式，由一个教室对一、两个或几个学生进行教学，不定修业年限和教学时间，不分年级、学科，年龄和文化程度参差不齐。例如我国商、周至隋唐时期的各级官学和私学，古希腊罗马时代的各类学校以及西欧中世纪的教会学校和宫廷学校等，均采用这种耳提面命、手把手、一对一的个别形式进行教学。这种个别教授因难于系统化、集中化，因而速度慢、效率低，只能适应当时学生人数不多且教学内容比较简单的情况，带有"师徒相授"的性质。

2. 近现代学校的教学组织形式

（1）班级授课制

随着欧洲资本主义工商业的兴起和近代科学技术的发展，新兴的资产阶级为发展社会生产力提高劳动者素质，开始充实教学内容，扩大教育对象和教育规模，原有的个别教学组织形式已不能满足社会的要求。于是，在 16 世纪的欧洲学校里开始出现了编班上课的新尝试。在 17 世纪，捷克著名教育家夸美纽斯在总结当时教育经验的基础上，在其《大教学论》等著作中首先对班级授课这种新的教学组织形式进行了研究，确定了班级授课制的基本轮廓；后来，德国教育家赫尔巴特提出了教学过程的形式阶段理论（即明了、联想、系统、方法），班级授课得以进一步完善而基本定型；最后，以原苏联教育家凯洛夫为代表，提出了课的类型和结构理论，标志班级授课这个组织形式形成了一个完整的体系。我国采用班级授课，始于清代同治元年（1862 年），于北京开办的京师同文馆。

随着科学技术进一步发展和资本主义民主化运动的兴起，班级授课的局限性和弊端日渐突出，于是人们不断批评、抨击班级授课压抑了学生的个性培养，阻碍了学生的整体发展。改革传统的班级授课制的呼声日益高涨，并出现了种种探索和尝试，这些改革大致可以分为三种类型：坚持以班级授课制为基本组织形式，以新的组织形式弥补班级授课制的不足，实现以班级教学为基础的教学组织形式的多样化，为每个学生提供适合其特点的教学活动形式和学习环境；主张彻底打破班级、年级界限，寻求全新的教学组织形式；探索一种既不是集体影响，又有个人独立探索的教学组织形式，以提高教学质量和教学效率。

（2）贝尔——兰喀斯特制

贝尔——兰喀斯特制又称为"导生制"，产生于 18 世纪末 19 世纪初工场手工业向大机器工业过渡的时期，其创始人是英国一位名叫贝尔的牧师和一位名叫兰喀斯特的教师。贝尔—兰喀斯特制的具体做法是：教室以教年龄大的学生为主，而后由他们中的佼佼者—"导生"去教年幼的或学习差的学生。

贝尔——兰喀斯特制仍然以班级为基础，但教师并不是直接面向全班学生，而只是面向一部分学生"导生"。这种教学组织形式与当时英国教育的双轨制相适应。由于广大劳动者的子女只能在设备简陋、师资缺乏的初等学校学习，对师资和教学水平要求不高，只能采用这种"传授式"的教学组织形式。事实证明，采用这种教学组织形式进行教学的学校，教学质量一般很低，不能很好地满足大工业生产对学校教育质量的要求。

（3）道尔顿制

1920 年，美国的 H. H. 柏克赫斯特在马萨诸塞州的道尔顿中学创建了一种新的教学组织形式，人们称之为道尔顿制。按照道尔顿制，教师不再上课向学生系统地讲授教材，而只为学生分别指定自学参考书、布置作业，由学生自学和独立作业，有疑难时才请老师辅导。学生完成一定阶段的学习任务后，向教师汇报学习情况和接受考查。由于每个学生的能力和志趣不同，他们各自的学习任务和内容当然也就不同，甚至彼此不相干，学习任务按月布置，完成之后再接受新的学习任务。

道尔顿制最显著的特点在于重视学生的自学和独立作业，在良好的条件下，以利于调动学生的主动性，培养他们的学习能力和创造才能。因此，这用教学组织形式曾经得到杜威的肯定和赞赏，并一度在美国流行，并在 20 世纪 20 年代初传入我国。但是，实践证明否定教师的主导作用，脱离教师指导和组织的这种教学组织形式不利于教学效果的提高。随着进步主义教育的衰落，道尔顿制也就逐步销声匿迹了。道尔顿制虽然存在时间不长，但它注重学生自学和独立作业的意向，对后来的一些教学组织形式和教学改革却有很大的影响。

（4）文纳特卡制

文纳特卡制是由美国人华虚朋于 1919 年在芝加哥市郊的文纳特卡镇公立中学实行的一种教学组织形式。在文纳卡特制中，课程被分为两部分；一部分按照学科进行，由学生个人自学读、写、算和历史、地、理等方面的知识、技能；另一部分通过音乐、艺术、运动、集会以及开办商店、组织自治会等来培养和发展学生的"社会意识"，前者通过个别教学进行，后者通过团体活动进行。

这种教学组织形式的特点是：有具体的学习目标和内容，对每个单元都有非常细致的规定和小范围的自学教材；应用各种诊断法测试检查学生每个单元的学习情况，在这种测验之前，先进行练习测验，由学生自行练习、自行改错，直到做对为止；通过自学及诊断测验后，方可学习下一单元的教学内容；教师经常深入到学生中间，因人、因时、因事进行个别指导。

（三）当代国外教学组织形式改革

1. 分组教学

分组教学最早出现于 19 世纪末 20 世纪初。"二战"以后，随着欧美各国对"英才教育"的重视，这种教学组织形式再次引起人们的重视并进一步加以完善，其目的在于克服班级授课条件下难以做到适应学生的个别差异、不利于因材施教等缺陷。

所谓分组教学，是指按照学生的学习能力或学习成绩，把他们分为若干水平不同的小组进行教学。分组教学是对班级授课制的改革和完善，但分组的依据不再是年龄，而是学习能力或学习成绩。分组教学一般有外部分组和内部分组两种。

（1）内部分组。内部分组是在传统的按年龄编班的前提下，根据学生的学习能力或学习成绩的发展变化情况进行分组教学。

（2）外部分组。外部分组是彻底打破传统的年龄编组，按照学生的学习能力或学习成绩的差别进行分组教学。

分组教学最显著的优点在于它比班级授课制更切合学生个人的水平和特点，便于因材施教，有利于人才的培养。但是，它仍然存在一些问题：一是很难科学地鉴别学生的能力和水平；二是在对待分组教学上，学生、家长、教师的意愿常常与学校的要求相矛盾；三是分组后造成的副作用很大，往往使快班的学生容易产生骄傲的情绪，使普通班、慢班的学习积极性普遍降低。

2. 特朗普制

特朗普制又称为"灵活的课程表"，诞生于20世纪50年代的美国，由教育学教授劳伊德·特朗普创立。这种教学组织形式试图把大班上课、小班讨论和个人独立研究结合在一起，并采用灵活的时间单位代替固定划一的上课时间，以大约20分钟为单位计算课时单位。

大班上课，把两个或两个以上的平行班结合在一起上课，讲课时应用现代化的教学手段，由出类拔萃的教师担任；小班讨论，每个班20人左右，由教师或教学领导，研究、讨论大班的授课材料；个人独立研究，主要由学生独立作业，指定部分作业，部分作业自选，以促进学生个性的发展。在教学活动中，大班课、小班课和个人独立研究穿插在一起，各自所占的教学时间为：大班上课占40%，小班讨论占20%，个人独立研究占40%。

采用特朗普制进行教学，上大班课的教师必须充分备课，负责小班的教师也须随时指导，教师仍然起着重要的作用。而且，由于学生有一定的时间自学、讨论和独立钻研，因而有利于培养学生思考问题、解决问题以及独立研究的能力，并有利于学生获得多种渠道的信息。

3. 小队教学

小队教学又称"协同教学"，是对教师的组织结构进行改革的一项尝试，旨在发掘教师个人的特殊才能，提高他们的教学效果。

小队教学的基本特点是采取两名或两名以上的教师合作施教，根据他们的能力和特长组成"互补性"的结构。通过分工协作，在教学活动中分别承担不同的角色和任务，共同负责一个班或几个平行班的教学工作。小队教学具体有以下特点：教学组可以分为大组和小组两种，大教学组由5-6名教师组成，小教学组由3名教师组成；"小组组长"和"高级教师"主持教学组的工作并负责上大课，其他教师则负责小班或小班教学、讨论及个别辅导等；在教学组中教师按课业需要和个人专长轮流进行教学。

小队教学的长处突出表现在，它是一种合理而有效利用教师人力资源的优化组合方式，可以使每个教师的兴趣和特长得到有效的发挥，还有利于教师之间的相互学习、交流与提高。目前，在美国和西方其他一些国家，小队教学已同一些新的教学组织形式（如分组教学、特朗普制等）结合在一起，从而在教师结构和学生结构两个方面组成了新的教学活动的组织形式。

4. 合作学习

20世纪七、八十年代以来，西方对合作学习展开了广泛的探讨，试图将社会学中的团体动力学原理应用于中小学教学实践，从而为大面积提高教学质量提供条件。

合作学习理论认为，在班级教学中，学生群体的组织形式有三种，即合作的、竞争的和不相干的。他们通过实验研究提出，群体合作分组结构应该成为课堂教学组织形式的主要特征，只有这种结构才能起到学生群体间相互作用的积极效果，从而提高教学工作的整体效益。

小组合作学习的主要特征是：

（1）组内异质，组间同质

组内异质为学生与学生之间的互相合作奠定了基础，而组间同质又为全班各组之间展开公平的竞争创造了条件。

（2）任务分割，结果整合

小组成员在学习内容和学习结果上有很强的互相依赖性，各小组分担课题，然后全班汇总，有效地调动了学生的积极性，实现了资源共享。

（3）个人计算成绩，小组合计总分

在合作学习中，每个人都必须依靠自己的努力去独立完成任务，为小组做出应有的贡献。那些学业较差的学生将在其他同学的帮助和个人努力下，不再拖后腿。

（4）公平竞赛，合理比较

在合作学习中，取消常规参照评价，根据学生的学业成绩，优等生与优等生一起分组测验，差生与差生一起分组测验。各测组每个成员的表现与原属合作小组团体总分挂钩，优生组第一名与差生组第一名均为各自原来的小组赢得相同的起点分数。这种各人在同一起点进行合理竞争、公平评价其贡献的做法，最终使每一个学生无一例外地受到激励。

（5）分配角色，分享引导

在小组合作学习中，分别指定协调员、读题员、记录员、操作员、计算员、报告员等，在不同的学习任务中，角色可能轮流互换，这样既保证了小组互助合作学习的分工明确、秩序井然，又能使个人的特长得以充分利用和彼此协调。

三、教学工作的基本组织形式—班级教学

当前，在我国和其他国家的教学实践中，班级教学是教学工作的基本组织形式。这是因为它具有其他教学组织形式无法取代的优点，在提高教学质量和效率上仍然起着主要的作用。

（一）班级教学的基本特征

所谓班级教学，是根据年龄或学习程度，把学生编成有固定人数的班级，由教师按照教学计划统一规定的内容和时数，并按课程表进行教学的组织形式。与个别教学组织形式相比，班级教学具有以下基本特征：

第一，以"班"成员为单位，把学生按照年龄和知识水平分别编成固定的班级，即同一个教学班学生的年龄和学习程度大致相同。

第二，以"课时"为单位，把每一"课"规定在统一而固定的单位时间里进行，教师同时面对全班同学上课。

第三，以"课"为活动单位，把教学内容以及传授这些内容的教学方法、教学手段综合在"课"上，把教学活动划分为相对完整且互相衔接的各个教学单元，从而保证了教学过程的完整性和系统性。

（二）班级教学的优点和局限性

1. 班级教学的优点

（1）它能够大规模的面向全体学生进行教学。一位教师能同时教多名学生，而且是全体学生共同前进，有助于提高教学效率。

（2）它能够保证学习活动循序渐进，并使学生获得系统的科学知识，扎扎实实、

有条不紊。

（3）它能够保证教师发挥主导作用，首先是教师系统讲授，而且在这个基础上直接指导学生学习的全过程。

（4）固定的班级人数和统一的时间单位，有利于学校合理安排各科教学的内容和进度并加强教学管理，从而赢得教学的高质量。

（5）在班集体中学习，学生可与教师、同学之间进行多向交流，互相影响、互相启发和互相促进，从而增加信息来源或教育影响源。

（6）它能比较全面地实现教学任务，从而有利于学生多方面的发展。它不仅能较全面地保证学生获得系统的知识、技能和技巧。而且有利于学生在，班集体内的群体活动和交往中形成互助友爱、公平竞争的态度和集体主义精神，同时有利于形成学生其他一些健康的个性品质。

2. 班级教学的局限性

（1）学生的主体地位或独立性受到一定限制，教学活动多由教师直接做主。

（2）实践性不强，学生动手机会少。

（3）学生的学习主要是接受现成的知识成果，不利于学生的探索精神和创造能力。

（4）教学面向全班学生，强调的是统一和齐步走，难以照顾学生的个别差异，不利于因材施教。

（5）教学内容、时间和进程都程序化、固定化，难以在教学活动中容纳更多的教学内容和方法。

（6）由于以课为活动单元，而"课"又有时间限制，因为往往将某些完整的教学内容和教学活动人为地分割，以适应"课"的要求。

（7）缺乏真正的集体性。在班级教学中，每个学生独立完成学习任务，教师虽然面向全体学生同样施教，而每个学生以各自独特的方式去掌握。每个学生分别地对教师负责，学生与学生之间并无分工合作，彼此不承担任何责任，无必然的依存关系。

（三）班级教学中课的类型和结构

在班级教学的发展过程中，人们提出了课的类型和结构理论。不同类型和结构的课，在教学上具有不同的功能。在教学过程中，如果教师能够根据教学任务、教学内容和方法以及学生的年龄特征等方面的需要，正确地选择和运用课的类型、安排课的结构,才能够使学生全面、系统、牢固地掌握教学内容,更好地完成教学任务。

1. 课的类型

一般的分类有两种:

一种是根据教学的任务来划分,可分为传授新知识课(新授课)、巩固知识课(巩固课)、培养技能技巧课(技能课)、检查知识课(检查课)。在实际的教学工作中,有时一节课只完成一个任务,有时一节课则需要完成多项任务。所以,根据一节课所完成任务的数量,又可分为单一课和综合课。

另一种是根据使用的主要教学方法来划分,可分为讲授课、演示课(演示实验或放映幻灯片、录像、视频)、练习课、实验课、复习课。

上述两种分类也有联系,具体表现在有相对应之处。例如新授课多属于讲授课,巩固课多属于复习课,技能课多属于练习课和实验课等。

2. 课的结构

课的结构是指一节课包含的组成部分以及各组成部分的顺序、时限和相互关系。

一般来说,课的结构包括:

(1)组织教学

组织教学是保证课内师生活动正常进行的基本条件。组织教学的目的是使学生做好对上课心理上和物质上的准备,吸引学生的注意并创设一种有利的课堂情景或气氛。组织教学应贯穿于一堂课的始终。

(2)检查复习

检查复习的目的在于复习已经学过的教学内容,了解学生对已学知识掌握的情况,以便导入新课或加强知识之间的联系。检查复习的范式可以是口头的,也可以是书面或实践性的,主要应视教学内容、教学需要以及时间而定。在检查复习时,一般应指出学生在学习过程中出现的错误并作简要的纠正,从而使检查复习真正起到"诊断"、"纠正"或"强化"的作用。

(3)学习新教材

这一部分通常是大部分课的主要内容,旨在使学生理解、掌握新的知识和技能。教师向学生呈现新的教材并引导学生学习的方法、手段是多种多样的,选用何种方法、手段,主要应视教材的性质、课的任务和学生的特点而定。在引导学生学习新教材时,教师的关键作用在于组织合理的学习活动,调动学生的学习积极性,引导学生的思路并启发他们的思维,使学生处于积极的智力活动状态之中。

（4）巩固新教材

巩固新教材的目的在于使学生对所学教材当堂理解，当堂消化，初步巩固，并使学生通过初步练习为完成课外作业做好准备，巩固新教材的方式方法多种多样，既可以让学生复习刚学过的教材中的基本概念和原理，也可以是对新教材做小结，展示正确结论。

（5）布置课外作业

布置课外作业的目的是使学生进一步巩固所学的知识和技能，培养学生运用所学知识、技能独立分析问题和解决问题的能力，并使技能达到熟练。教师在布置课外作业时，应指定作业的具体内容和范围，提出作业要达到的要求，规定作业完成的时间，并对难度较大的作业作进行必要的提示或示范。对于作业的完成情况和作业质量，教师应按规定进行检查或抽查，以便培养学生按时完成作业的习惯和认真负责的学习态度。对学生课外作业的检查和了解，往往是教师确定辅导内容，调整教学工作进程的依据。

（四）课堂的基本程序和步骤

教学工作以课堂为中心环节。要上好课，课前教师必须备课，学生也要做相应的准备或预习；为了巩固和发展课堂教学成果还应给学生布置一些课外作业此外，还必须适时进行课堂教学效果的测评，以推动和改进教学工作。若从教学工作的主要方面——教师教分析，的基本程序和步骤包括：

备课、上课、布置课外作业以及课堂教学效果的测评。

1. 备课

备课是上好课的先决条件，只有备好课才有可能上好课。教师在备课时，一般需要做好以下几项工作；

第一，钻研教材。教师应认真钻研教材，包括钻研教学大纲、教科书，阅读有关的参考书。教师钻研教材有一个深化的过程，一般要经过懂、透和化三个阶段。懂，就是对教材的基本思想、基本概念都要弄清楚；透，是指透彻地了解教材的结构、重点与难点以及掌握知识的逻辑，能运用自如，知道应补充哪些材料，怎样才能教好；化，就是教师的思想感情和教材的思想性、科学性融汇在一起。

第二，了解学生。包括了解学生原有的知识和技能的质量，他们的兴趣、需要与思想状况，他们的方法和习惯等。在此基础上，还应对学生学习新知识时会有哪些困难，可能产生哪些问题，要采取哪些预防措施有所了解和预见，才能使教学工作卓有成效。

上课前，教师还应要求学生为上课作一定的准备。包括：复习有关知识、收集有关素材、阅读指定的参考书、对教材进行预习。特别是预习，对于提高教学质量具有重要意义。可以使学生发现疑难问题，带着问题听课，更加积极地思考问题和更自觉地掌握知识；可以使学生提出较多的问题，在课堂上有准备地发表自己的见解，以改变过去那种总是教师讲学生听的被动教学状况，是学生主动地进行学习，还可以帮助教师了解学生的知识水平和学生要求，了解他们的个别差异以及每个学生的长处与短处，便于因材施教。

2. 上课

上课是整个教学工作的中心环节，是提高教学质量的关键。一般而言，上好一堂课，应力求做到以下几点，这也是一堂好课的基本特征：

第一，目的明确。确定教学的目的要注意德智体美等全面发展，要把目得确定得切实可行，具体清楚，能够真正对学生的学习起引导作用，从而使学生在课堂上的一切活动都能紧紧围绕实现教学目的而进行。

第二，内容正确。一方面是指教师讲授的内容、呈现的材料必须是科学的、正确的，不能与科学结论或公理相悖，另一方面是指教师的讲授、概念的定义、原理的结论是准确、有条理和符合逻辑的。

第三，方法恰当。课堂上使用的方法应符合教材的特点、学生的特征，并能充分利用现有的设备条件和信息化手段，帮助学生顺利的掌握本节课的教学内容。

第四，组织清晰。整个课堂的进行基本符合课时计划的设计，各个部分进行得有条不紊，环环相扣，始终能保证一种良好的课堂气氛，教师能够机智地处理偶发事件。

第五，积极性高。教师和学生能处于积极主动的状态之中，教师能引导学生的思路，启发学生的思维激活学生的智力活动，整个课堂活动都能表现出教师引导下学生的积极参与。

3. 布置课外作业

布置课外作业是教学工作的重要组成部分，它对于使学生进一步消化和巩固课堂上所学的知识和技能、培养学生独立应用所学的知识、技能去分析和解决实际问题有重要的意义。

教师布置课外作业应注意以下几点：

第一，作业内容应根据学科课程标准的范围和深度，选题要有代表性，难度要适中。

第二，作业与教科书内容有逻辑联系，但不应该是教科书中的例题或材料的照搬。

第三，作业应有助于启发学生的思维，鼓励学生独立探索并积极进行创造性思维。

第四，作业应尽量与现代生产和社会生活的实际问题相结合，力求理论联系实际。

第五，根据学生的实际能力和实际水平，给优生和差生分别布置份量、难度各异的作业，并给予必要的指导、提示和帮助。

4. 课堂教学效果的测评

课堂教学效果的测评是诊断学生学习状况，改进教师教学工作，调整教学活动的重要手段，也是下一个课题或单元备课的基础。课堂教学效果的测评一般从两个方面入手：一是测评学生的学习效果，二是分析教师的课堂教学行为。

四、教学评价

（一）教学评价的概念

教学评价是依据一定的客观标准，对教学活动及其结果进行测量、分析和评价的过程。它以参与教学活动的教师、学生、教学目标、内容方法、教学设备、场地和时间等因素的有机组合过程和结果为评价对象，是对教学工作的整体功能所做的评价。

教学评价主要包括学生学习结果的评价和对教师教学工作的评价，不仅要评价学生的学习效果，还要评价教师的教学工作质量。从学生学习结果的评价来看，既要评价知识、技能和智力等认识领域，又要评价态度、习惯、兴趣、意志、品德及个性形成等情感领域；从教师教学工作的评价看，既要评价教师的教学修养、教学技能，又要评价教学活动的各个环节。特别是课堂教学质量。因为学生的学习效果更多的是由课堂教学质量决定的。

（二）教学评价的功能

教学评价是教学工作中不可缺少的一个基本环节，它在教学过程中发挥着多方面的功能，从整体上调节、控制着教学活动的进行，保证着教学活动向预定的目标前进并最终达到该目标。具体来说，教学评价的功能主要表现在以下几个方面：

1. 诊断教学问题

通过教学评价，教师可以了解自己的教学目标确定得是否合理，教学方法、教学手段的运用是否得当，教学的重点、难点是否讲清楚，也可以了解学生在知识、技能和能力等方面已经达到的水平和存在的问题，分析造成学生学习困难的原因，从而调整教学策略，改进教学措施，为教师的教学和学生的学习指明方向，有针对性地解决教学中存在的各种问题。

2. 提供反馈信息

教学评价的结果，不仅可以为教师判定教学状况提供大量的反馈信息，而且也可以为学生了解自己学习的好坏、优劣提供直接的反馈信息。对于教师而言，教学评价提供的反馈信息，可以帮助他们及时获得有关教学过程各个方面的详细情况，发现自己工作中的薄弱环节，在此基础上修正、调整和改进教学工作；对于学生而言，一般说来，肯定的评价可以进一步激发学生的学习积极性，提高学习兴趣，否定的评价则可以帮助学生看到自己的差距，发现错误及其"症结"之所在，以便在教师的指导下"对症下药"，及时纠正。

3. 调控教学方向

在教学过程中，教学评价的内容和标准往往会成为学生学习的内容和标准，从而左右学生学习的方向、学习的重点以及学习时间的分配；教师的教学方向、教学目标、教学重点的确定，教学策略和教学方法的选择，也要受到评价内容和评价标准的制约。如果教学评价的标准和内容能够全面反映教学计划和教学大纲对学生的要求，充分体现学生全面发展的方向，那么教学评价发挥的导向作用就是积极的、有益的，就会有利于学生的学习。否则，就有可能使教学活动偏离正确的方向。

4. 检验教学效果

在教学活动中，教师的教学水平和教学效果如何？学生是否掌握了必备的基础知识和基本技能？预定的教学目标是否实现？这些都必须通过教学评价加以检查和验证。对于学生学习结果的评价，尤其是某一课程或某一段教程结束之后进行的终结性评价，可以作为证明学生知识掌握程度、能力发展水平的证据，同时对于学生学习结果的评价，也可以作为教育行政部门评价教师教学工作质量的重要依据。

（三）教学评价的基本类型

从不同的角度和标准出发，教学评价可以划分为不同的类型。在教学活动中，不同类型的教学评价有着不同的特点、内容和用途。

1. 根据教学评价在教学活动中的作用的不同，可以分为诊断性评价、形成性评价和总结性评价。

（1）诊断性评价

诊断性评价是在学期开始或一个单元教学开始时，为了了解学生的学习准备状况及影响学习的因素而进行的评价。它包括各种通常所称的摸底考试，以查明学生已有的知识水平、能力发展情况以及学习上的特点、优点与不足之处，从而更好地组织教学内容、选择教学方法，以便对症下药、因材施教。在教学活动中，诊断性评价的主要功能是：检查学生的学习准备程度；决定对学生的教学安排；辨别造成学生学习困难的原因。

（2）形成性评价

形成性评价是指在教学过程中为改进和完善教学活动而进行的，对学生学习过程及结果的评价。它包括在一节课或一个课题的教学中对学生的口头提问和书面测验。使教师和学生都能及时获得反馈信息，从而更好地促使教师改进教学过程，提高教学质量。在教学活动中，形成性评价的主要功能是：改进学生的学习；使学生的学习进步；强化学生的学习；给教师提供反馈。

（3）总结性评价

总结性评价是指在一个大的学习阶段、一个学期或一门课程结束时对学生学习结果的评价，也称为终结性评价。在教学活动中，总结性评价的主要功能是：评定学生的学习成绩；判断学生掌握知识、技能的程度和能力水平以及达到教学目标的程度；确定学生在后续教学活动中的学习起点；预测学生在后续教学活动中成功的可能性；为制订新的教学目标提供依据。

2. 根据评价所运用的方法和标准的不同，可以分为相对性评价和绝对性评价

（1）相对性评价

相对性评价又称为常模参照性评价，是运用常模参照性测验对学生的学习成绩进行的评价，它主要依据学生个人的学习成绩在该班学生成绩中的序列或常模中所处的位置来评价和决定他的成绩优劣，而不考虑是否达到教学目标的要求。

相对性评价常以常模为参照点，把学生个体的学习成绩与常模相比较，根据学生在该班中的相对位置和名次，确定他的学习成绩在该班中是属于"优"、"中"还是"差"。相对性评价具有甄选性强的特点，因而可以作为选拔人才、分类排队的依据；它的缺点是不能明确表示学生的真正水平，不能表明他在学业上是否达到

了特定的标准，对于个人的努力状况和进步的程度也不够重视。

（2）绝对性评价

绝对性评价又称为目标参照性评价，是运用目标参照性测验对学生的学习成绩进行的评价，它主要依据教学目标和教材编制试题来检测学生的学业成绩，判断学生是否达到了教学目标的要求，而不以评定学生之间的差异为目的。

绝对性评价可以衡量学生的实际水平，了解学生对知识、技能的掌握情况，关心的是学生掌握了什么、能做什么或没掌握什么、不能做什么，宜用于升级考试、毕业考试和合格考试；它的缺点是不适用于甄选人才。

第三章
教师与班主任工作

第一节 班主任

班主任是全面负责一个班级学生工作的教师。

班主任的基本任务是带好班级，教好学生。对学生进行品德教育是班主任的一项重要职责和任务。班主任工作是学校实施德育的重要途径之一。班主任要做好学生德育工作必须全面深入地了解、研究学生，尊重信任学生，并争取其他任课教师、团队组织、社会有关方面和学生家长的配合，共同对学生进行教育。班主任特别要精心组织、培养健全的班集体，并通过班集体对学生进行教育。班主任要把集体教育和个别教育结合起来。

班级的组织管理只有在班主任与班集体成员积极活动中才能实现。这一切能否变为现实，与班主任的教育思想和教育行为有直接的关系，也与班主任自身的修养、人格以及由此而生的对学生的威信直接有关。

（一）班主任的教育思想与班级组织管理

班主任为组织管理而开展班级活动时，最重要的是要树立使班级活动真正成为学生的自主活动，使学生在自主活动中进行自我教育的思想。班主任对学生的信任与尊重是自主活动能否开展起来的首要条件，班主任只有信任学生才会给学生提供机会，只有尊重学生，才会发现学生的积极方面并加以指导，班主任的教育主要是围绕引导学生在活动中进行自我教育展开的。这里的自我教育包括三个方面：学生的个体自我教育，学生集体的自我教育和集体成员间的自我教育。在班级活动中，自我教育的重点在班集体层次上，班主任应当为班集体寻找发现新的发展目标，提出实现目标的方案和措施。提高班级活动的质量，才能通过集体实现学生的教育和自我教育。

（二）班主任的教育行为和班级组织管理

班主任组织管理班级时，其具体的教育行为影响班级活动的正常开展。对班主任教育行为的要求有以下几个方面：

第一，建立班级常规制度，把"建制"的过程作为最初班集体建设的重点，有了制度，班级以最初个体的简单集合变为对每一个成员具有一些最基本要求的共同体。其中重要的是从"建制"开始到以后的其他班级活动，教师都应以最大程度地吸引集体成员的参与为原则。

第二，班主任教育工作的重点应放在日常的班级活动，这会产生一种真正强有力的、持久的、潜移默化的影响。

第三，班主任要负起协调各种教育力量的责任，其中包括与班级中任课教师的配合，争取家长等社会各界力量的支持和关心，协调学生集体内干部与群众的关系，各种组织的关系，以及学生集体与成人等各方面的关系。

第四，班主任应及时把握班集体及其活动开展的状况，不断积累集体形成与发展的档案。班级档案分学生个人档案与班级集体档案两大类，它以记载事实为主。除此以外，班主任还应不断积累与自己工作的有关材料，如班级计划、工作总结、谈话记录、班主任日记等。这些材料将使班主任对自己的工作有清醒的、科学的认识，并提高到自觉的程度。

第二节 班级集体

班级集体活动是学校按班级组织学生参与的教育活动。

（一）建设与发展班级集体的意义和目标

班级是学校系统的细胞，是学校中开展各类活动的最基本且稳定的基层组织。班级既是学校教育教学工作的基本单位，也是学生学习、活动的基层集体，学生的成长离不开班级组织。只有把一个班的学生很好地组织起来进行教育和教学活动，才能使这个班的学生在德、智、体、美、劳等方面得到发展。

由学校班级的性质和特点决定，建设和发展学生班级集体，并使之成为教育的主体，将发挥重要的教育作用。

首先，作为学校教育活动的基本单位，班级集体建设发展的水平直接关系到学校培养人才的数量和质量。充分发挥班级的教育功能，对于实现学校教育目标有重要意义。

第二，班级集体有利于学生群体意识的形成和良好个性的发展。作为学生活动和交往的基本场所，良好的班级环境既能发挥群体的规范和实现群体意志的作用，同时又为班级集体中每个成员的主动发展提供重要条件。正是通过班级集体教学活动和学生群体间的交往，使学生不仅积累集体生活的经验，发展自己的志趣和爱好，而且学会合作，学会交往，学会做人之道，从而促进学生良好思想品德和个性品质的形成。

第三，班级集体有利于培养学生的自我教育能力。班集体是学生自己的集体，有它的组织机构，每个学生在所归属的一定班级中都能找到适合于自己的活动、工作和角色。在班级集体中，有共同的目标，明确的职责分工，有统一的规章制度、权力和义务。要求集体中的每一个成员学会自己管理自己、教育自己，自主地制定集体活动计划，积极开展各项工作和活动，锻炼学生的自我教育能力。建设和发展班级集体的目标

一个良好的班级集体的基本标准：

1、有共同的奋斗目标

目标是集体发展的方向和动力。一个健全的班集体应有明确的奋斗目标。集体的目标由班主任或全班同学一起讨论确立，分近期的、中期的和远期的目标。目标的提出应由易到难、循序渐进，推动集体不断向前发展。

2、形成分工明确、互相配合的学生干部队伍

学生干部队伍在班主任的指导下完成自己承担的工作任务。他们能认真负责，不断提高自己的修养，体会到集体对他们的关心与尊重，在集体生活中获得新的知识与友谊，实现自己的某些心愿，从而愿意并努力使自己成为对集体有所奉献的一员，在集体中追求个人的发展。因此，集体及其成员都呈现出蓬勃向上的趋势。

（二）班级组织管理的中介——班级活动的类型

班级的组织管理是通过各种活动实现的，组织开展相关活动构成了班主任工作的重要内容。根据班级活动的时间分布，可以分为日常性班级活动和阶段性班级活动两大类。

1. 日常性班级活动

如果把班级看成一个有机体，日常性班级活动就是每天或每周都要进行的，为维持班级有机体正常运转所必须的活动以及班级内自发进行着的活动，主要包括以下几项：

（1）班级晨会与班会

晨会安排一般分为两个方面：固定性的项目和临时根据需要增加的内容。固定性的项目反映了班级和班级成员学校生活的经常性需要。晨会中临时性的内容无法预计设计，一般形式总是与班级内的突发事件、学校某些临时的要求相关。

班会从内容主题的角度看，与德育直接相关的较多，但不同年级还有一些与年级阶段、年龄段相关的独特内容，如青春期教育、毕业班的就业指导等。班会的内容应帮助解决学生精神上的迷惑、忧虑和不安,给他们力量与榜样,催他们奋发向上。

班会的形式十分多样。一般来说，形式的选择主要考虑两方面的因素：一方面是与班会内容及主题的适应性，另一方面是考虑活动形式对学生的吸引力和对学生喊声的积极影响

（2）值勤

值勤活动有两种。一是班级内部值勤，每天由 1-2 名学生轮流担任；另一种是班级派出的成员担任学校性的执勤任务，一般由校内的中、高年级班级轮流担任。

班级内部值勤的具体职责在不同的学校和不同的班级中有不同的规定，其实际承担的责任和权力的大小相差甚大。教师应作出在可能范围内对值日生权利和义务的规定，定期进行最佳值日生的评比，发扬学生在值日活动中的主人翁精神和创造精神。

全校性的值勤由部分学生代表班级执行任务。全校性值勤为学生提供了更广泛的活动范围和更多、更复杂的具体问题，需要全体值勤人员的分工合作，对学生的工作能力、创造能力和责任感的提高具有积极作用。

（3）班级自办报刊等舆论宣传活动

班级集体形象和良好风气的形成要靠实实在在的行为，也要靠舆论宣传，作为班级舆论宣传活动的正规阵地主要是黑板报、班级内部学生自己创办的周刊（或月刊）等各类班级报刊。校部创办的报刊和学生组织的校广播电台也是班级可以利用的舆论阵地。

各种班级自办报刊的内容主要涉及以下几个方面：第一，班级内一个阶段的奋斗目标、中心任务、以及围绕目标、中心任务等各方面开展活动的动态报道；第二，班级成员对班级工作的建议，以及对已经完成过的活动的反响，包括体验与评价；第三，班级成员在各方面取得的成绩展示，"好人好事"的表扬和对班内不良倾向、现象的批评。第四，就学生普遍关心的、具有教育意义的某个问题展开讨论。

班内自办报刊的多样化，不仅可以使班集体的面貌得到多角度、多层次和及时的反映，而且能吸引更多的学生参与班级的舆论宣传活动，在参与的过程中了解自己的班级和同学，奉献自己的才智和力量，形成并感受集体的温情和特点。

2. 阶段性班级活动

阶段性班级活动的内容随全校性的活动进程而变化，有利于班级集体的形成。这种活动主要有以下两大类：

（1）工作型

工作型的阶段性活动，指全校每个班级在学期不同阶段都必须完成的班级活动。例如，学期初班级活动计划的制定，学期结束时先进人物的评选等等。这类活动要产生建设和发展集体的教育效果，需要注意以下几点：

首先，它不是只有班主任和少数学生干部参与，而是由大多数的学生积极参与；

第二，班级成员不仅对共同的计划、目标、决定等认可，而且明确完成这些任务对个人来说，有什么价值，自己应该做些什么；

第三，注意相关活动之间的连贯性；

第四，每一阶段的活动要有重点，有新意，并能体现在经常性的班级活动中。

（2）竞赛型

各种全校性的竞技比赛除了能够发掘人才和活跃学校生活，还能促进班集体的形成和班级之间的相互影响。充分发挥竞赛、评比在促进集体形成和发展中的作用，需要满足以下条件：

第一，把取胜看作参赛的目的之一，但不是唯一目的，不能要求每一次、每一项比赛都获得全面胜利，但可以要求每一次比赛都有获胜的目标，要求夺得一些项目的优胜成绩；

第二，使更多的人有参赛机会；

第三，结合参赛的准备和实践，提高参赛者的心理素质；

第四，通过参赛带动班级的日常活动；

第五，在增强班级与集体荣誉感时，还要注意处理好班与班之间、班与校大集体之间的关系；

第三节 课外活动

一、课外活动的含义与特点

课外活动是指学校在学科教学活动之外有目的、有计划、有组织地对学生进行的多种多样的教育实践活动。课外活动在教育内容及结构方式上区别于以学科教学为中心的教学活动，它不以课程中的学科为单位，内容不受教学计划、教学大纲的限制，有其独特的范围和性质。

我国教育历史上就有组织学生课余活动的实践。《学记》指出："时教必有正业，退息必有居学。"说明古代教育提倡既有正课学习，又有课余活动，劳与逸结合，更好的培养学生独立学习的能力。新中国成立后，从理论和时间上都比较重视课外活动。特别是在 80 年代后，随着教育改革的深入发展，普通教育中课外活动的作用和地位逐渐为人所重视，人们从理论与实践两个方面进行了积极的探索。为了使课外活动更规范化，有目的、有计划地进行。在 1986 年公布的《义务教育全日制小学、初级中学教学计划（初稿）》中，第一次把课外活动正式列入总计划，并在说明中指出："小学、初中的课外活动列入教学计划。各地应努力创造条件，有计划、有组织地开展科技性活动、学科性活动和文娱体育活动，以及组织参观访问、社会调查等社会实践活动。"

课外活动，作为学校教育的重要方面、实施全面发展教育的重要组成部分，有以下特点：

（一）灵活性

课外活动的项目、形式、方式、参见人数等不受学校教育计划、教育大纲的限制，内容丰富多彩，活动内容广泛，形式灵活生动，为学生提供了一个自由的、生动活泼的学习和发展环境。

（二）综合性

课外活动是以活动为中心展开，从而为学生提供综合运用多种学科知识来分析和解决问题的机会。

（三）实践性

课外活动是通过活动进行学习的，不论阅读、研讨、实验、制作或调查、参观、访问，都应该注重培养学生通过自己的实践活动获得直接经验、把书本知识运用到实践中去的能力，使理论与实际结合起来。

（四）自主性

课外活动是学生自己的活动，学生是活动的主体。在教师指导帮助下，由学生根据自己的兴趣爱好自愿选择参加，由学生自己制定安排活动计划、选择活动内容和方式，由学生自己来进行活动的组织管理。在课外活动中教师起指导作用、辅导作用，更充分体现了学生的独立自主性。

如果说教学是学校实践活动中的主干部分，那么课外活动与班级活动则是它不可缺少的两侧。各类活动的相互协调，对于学校教育改革具有重要的整体性价值。课外活动的开展，不仅满足了学生求知、求乐、求发展的要求，有利于学生身心的全面发展，而且丰富完善了学校教育实践活动，有利于促进学科教学改革和提高教师的教育、教学水平。

二、课外活动的任务与作用

课外活动是实现教育目的的重要途径。它的任务在于根据自己的特点组织和指导学生的课余生活，减轻学生过重的课业负担积极促进学生的全面发展，培养学生良好的个性。课外活动主要作用是：充实学生的生活，开阔学生的眼界，增强学生与社会的联系；激发学生的兴趣爱好，发展学生的个性和特长；培养学生的自主能力、探索意识和创作才能。

三、课外活动的基本内容及组织形式

课外活动的内容，应根据教育方针、培养目标、青少年身心发展特点以及校内外实际来确定。课外活动的范围广泛，内容丰富，形式多样，其基本内容可分为六类：

（一）科技活动

科技活动内容很广泛，既有科技新知识、新技术，也有科技的基本技术。科技活动能扩大学生知识眼界，激发他们学科学、爱科学的兴趣，培养科学的思想、方法和态度。

（二）学科活动

学科活动是多种多样的科学文化学习活动，包括哲学、社会科学和自然科学。它不是课内学科教材的补充或延伸，而是学科中某一领域的拓展，是学科的一些新理论、新知识或学科专题等。

（三）文学艺术活动

文艺活动种类多种多样，通过文艺活动可以培养学生的兴趣爱好和发展他们鉴赏美、表现美、创造美的能力。

（四）体育活动

体育活动是以发展学生健康体魄及体育文化修养为目标，根据学生年龄特点、因地制宜、组织丰富多彩的体育活动。

（五）社会活动

社会活动，包括社会调查、专题社会考察、军训以及各种无偿的社会服务和公益劳动。是学生了解社会，了解民情国情，培养热爱祖国、热爱人民的思想感情，树立社会责任感，提高实际工作的能力。

（六）传统的节假日活动

学校的课外活动，一般可分为三种形式：

1. 群众性活动

群众性课外活动带有普及性质，可以吸收大批学生参加，有一定声势，适合青少年特点，能激发学生学习热情，有利于活动的开展。群众性活动包括：报告和讲座、各种集会、各种比赛、参观、访问、调查、旅行、社会公益活动。

2. 小组活动

小组活动是学校课外活动的基本组织形式。课外活动小组以自愿结合为主，根据学生的兴趣、爱好和学校的具体条件来组织，进行有目的，有计划的经常性活动。小组活动灵活方便，非常有利于因材施教。参加的人数每组不宜过多，可以三五人到一二十人，每个学生以参加一个小组或两个小组为宜。有的小组可以打破年级界限，如科技、文艺、体育等方面的活动。应鼓励学生积极参加小组活动，一般不要从学习成绩上加以限制。小组开展活动要制定计划和必要的规章制度，安排好每次活动的课题、内容和方法，并有固定的活动时间。小组活动的成绩可以通过汇报、展览形式展示出来，以巩固成果和推动活动的发展。小组活动主要包括：学科小组、技术小组、艺术小组、体育小组

3. 个别活动

这是学生在教师指导下，根据个人的兴趣、特长，以个人为单位进行参与的独立作业活动，例如阅读各种书籍、独立观察实验或制作教具模型、进行艺术创造等。个别活动是课外活动的基础，充分体现了因材施教的特点，这种个别化的独立活动，能充分发挥每个学生的积极性和创造性，培养学生自我教育和独立研究的能力。

四、开展好课外活动的基本要求

1. 活动要有明确的中心目标，认真设计安排好每一次活动。

2. 活动内容应具有科学性、知识性和趣味性。

3. 充分发挥学生的积极主动性，为每一个学生创设参与活动和获得成功的机会。

为了充分体现课外活动自主性的特点，首先教师不仅要了解学生兴趣爱好的一般倾向，而且要掌握学生的个别差异。不仅要组织好学术型、科技型、艺术型的学生进行相应的活动，而且要更关注那些没有突出才能和明显兴趣爱好的学生。

第四章
教师与德育

第一节 德育的意义、目标和内容

一、德育的概念

一般来说，德育是教育者培养受教育者的活动。因此，德育是思想教育、政治教育、法纪教育和道德教育的总称，而不是道德教育的简称或政治教育的代名词。

德育包括家庭德育、学校德育、社会德育等形式。学校德育是教育者根据一定社会或阶级的要求和受教育者品德形成发展的规律与需要，有目地、有计划、有组织地对受教育者施加社会思想道德影响，并通过受教育者品德内部矛盾运动，以使其形成教育者所期望的品德的活动。

德育是整个社会共有的教育现象，具有社会性，与人类社会共始终。德育随社会发展变化而变化，具有历史性，阶级性和民族性。在德育历史发展过程中，其原理、原则和内容、方法等存在一定的共同性。因此，德育具有继承性。

二、德育的意义

（一）德育是社会主义现代化建设的重要条件和保证

我国现阶段的根本任务是进行社会主义现代化建设，德育是精神文明建设的重要组成部分，同时，又贯穿于物质文明和民主政治的建设之中。社会主义学校是培养建设人才的必要场所，是进行社会主义精神文明建设的重要阵地。

从长远看，学校德育具有战略意义，因为现代中、小学生是跨世纪的一代，把他们培养成为具有社会主义思想道德的一代新人，将对我国未来的社会风气、民族精神和社会主义现代化建设产生决定性的影响。

（二）德育是青少年儿童健康成长的条件和保证

青少年儿童正处在长身体、长知识时期，思想道德品质的形成发展时期，他们思想单纯，爱学习，追求上进，充满幻想，富于理想，可塑性强，但知识经验少，辨别是非能力差，容易接受各种思想道德影响。因此，必须运用正确的思想和方法对他们进行教育，以使他们形成良好的品德，增强抵制错误思想道德影响的能力，引导他们沿着社会主义要求的方向发展，促使他们健康成长，否则就可能误入歧途。

（三）德育是实现教育目的的条件和保证

社会主义的教育目的是培养德、智、体等全面发展的社会主义的建设者和接班人。我国《宪法》规定："国家培养青年、少年、儿童在品德、智力、体质等方面全面发展。"

人的德、智、体等是相互联系、影响、制约、促进的辩证统一体。通过德育促进青少年儿童的品德发展，可为他们智、体等的发展提供保证和动力。

三、德育目标

德育目标是通过德育活动在教育者品德形成发展上所要达到的总体规格要求，即德育活动所要达到的预期目的或结果的质量标准。德育目标是德育工作的出发点，它不仅决定了德育的内容、形式和方法，而且制约着德育工作的基本过程。

制定德育目标的主要依据是：时代与社会发展需要；国家的政策方针和教育目的；民族文化及道德传统；受教育者思想品德形成、发展的规律及心理特征。

1988年《中共中央关于改革和加强中小学德育工作的通知》中提出了我国中小学的德育目标："将全体学生培养成为爱国的，具有社会公德、文明行为习惯的遵纪守法的好公民。在这个基础上，引导他们逐步确立科学的人生观、世界观，并不断提高社会主义思想觉悟，使他们中的优秀分子将来能够成长为坚定的共产主义者。"

四、德育内容

德育内容是用以形成受教育者品德的社会思想政治准则和法纪道德规范的总和。德育内容总是随时代的发展而变化，因不同国家的社会性质、发展水平和文化传统而各具特色。

我国中小学德育包括以下基本内容：

（一）科学的世界观和人生观教育

世界观是人们对世界的根本看法和态度。人生观是世界观的一部分，是人们对待人生问题的根本观点和态度。辩证唯物主义和历史唯物主义是人类历史上最进步，最科学的世界观。无产阶级人生观又称共产主义人生观、革命人生观，它是人类历史上最高尚、最科学的人生观。

（二）爱国主义教育

爱国主义是千百年固定下来的人们对自己祖国的一种最深厚的感情和信念。中华民族具有爱国主义的优良传统。热爱中华民族是我国各族人民凝聚力、向心力的重要精神力量与支柱。我国新时期爱国主义的主要内容是："加强社会主义现代化建设，争取实现包括台湾在内的祖国统一，反对霸权主义，维护世界和平。"

（三）思想教育

理想是人们对未来事物、生活或目标的想象、向往和追求。它是推动人们前进的巨大力量。我国现阶段各族人民的共同理想是建设中国特色的社会主义，把我国建设成为富强、民主、文明的社会主义现代化国家，它引导着人们的生活理想、职业理想和道德理想。

（四）道德教育

道德是调整人我、群我、物我关系的行为规范和准则的总和。它是通过善恶评价、社会舆论、人们内心信念和传统习俗来维持。道德由社会生活条件决定并为社会生活服务。道德具有社会历史性、阶级性、民族性和继承性。共产主义道德是人类历史上最进步、最高尚的道德。我国现阶段用社会主义道德教育人们，同时提倡共产主义道德。

（五）集体主义教育

集体主义是建立在生产资料公有制和马克思主义理论基础上的，它反映工人阶级和劳动人民的集体利益，体现个人利益与集体利益、社会利益的辩证统一，是正确处理社会主义社会成员之间以及个人与集体、国家之间关系的基本原则。集体主义以个人利益服从集体利益为前提，同时充分尊重个人正当合法的利益。集体主义是工人阶级的人生观，与资产阶级个人主义、小生产者自私自利思想是根本对立的。

（六）劳动教育

在社会主义社会，劳动是每一个公民的权利和义务。每一个有劳动能力的人都应以自己的辛勤劳动为社会主义现代化作出贡献，并以自己的诚实劳动获取应得的合法的劳动报酬，以维持自己以及家庭的生存和发展。

劳动是一种美德，是一切知识和精神愉悦的源泉。只有辛勤劳动，才能点燃智慧的熊熊大火；只有辛勤劳动，才能获得宝贵的生活、生产知识；只有辛勤劳动，才能攀上成功的巅峰。

（七）自觉纪律教育

纪律是一定社会或阶级的产物。社会主义社会提倡自觉纪律，即建立在个人与集体、国家利益基本一致基础上的、人们自觉遵守的纪律。

（八）民主和法治教育

民主是一个历史和阶级的概念。社会主义在消灭剥削和压迫的基础上，为实现人民当家作主，把民主推向新的高度开辟了道路。民主和法制不可分，民主是法制的基础，法制是民主的保证。社会主义法制是立法、司法、守法三方面的统一。

第二节 德育理论

一、德育过程的概念

德育过程是教育者根据一定社会的要求及受教育者思想品德形成规律，对受教育者有目的地施加影响，通过受教育者能动认识、体验和实践，从而使其养成教育者所期望的思想品德的教育活动过程。

德育过程是教育者和受教育者双方借助于德育内容和方法，进行施教、传道和受教修养的统一活动过程，是促使受教育者道德认识、道德情感、道德意志和道德行为发展的过程，是个体社会化与社会规范一体化的统一过程。

德育过程与品德形成过程既相互联系又相互区别。从联系来说，德育只有遵循人的品德形成发展规律，才能有效地促进人的品德形成发展，而人的品德形成发展也离不开德育因素的影响；从受教育者角度看，德育过程是受教育者个体品德形成发展过程，只不过是在教育者有目的、有计划、有组织、有系统地影响下，受教育者形成教育者所期望的品德的过程罢了。从区别来看，德育过程是一种教育过程是教育者与受教育者双方统一活动的过程，是培养和发展受教育者品德的过程。教育者根据社会发展提出的要求，依据学生特点，以适当的方式调动受教育者的主观能动性，从而将相应的社会规范转化为学生的品德，不断提高学生的道德水平。而品德形成过程是受教育者思想道德结构不断建构完善的过程。思品形成过程属于人的发展过程，影响这一过程实现的包括生理的、社会的、主观的和实践的等多种因素。

二、德育过程的结构和矛盾

德育过程由教育者、受教育者、德育内容和德育方法四个相互制约的要素构成。

教育者是德育过程中的组织者、领导者，是一定社会德育要求和思想道德的体现者，在德育过程中起主导作用。教育者包括直接的和间接的个体教育者和群体教育者。

受教育者包括受教育者个体和群体，他们都是德育的对象。在德育过程中，受教育者既是教育的客体，又是教育的主体。当他作为德育对象时，他是教育的客体，当他接受教育影响、进行自我品德教育和对其他教育对象产生影响时，他成为教育主体。

德育内容是用以形成受教育者品德的社会思想政治准则和法纪道德规范，是受教育者学习、修养和内化的客体。学校德育基本内容是根据学校德育目标和学生品德形成发展规律确定的，它具有一定范围和深浅层次。

德育方法是教育者施教传道和受教育者受教修养的相互作用的活动方式的总和。它凭借一定的手段进行。教育者借助一定的德育方法将德育内容作用于受教育者，受教育者借助一定的德育方法来学习、内化德育内容而将其转化为自己的品德。

德育过程中的各要素，通过教育者施教传道和受教育者受教学习的活动而发生一定的联系和相互作用，促使受教育者的品德发生预期变化的矛盾运动过程。其中的主要矛盾是教育者提出的德育要求与受教育者已有品德水平之间的矛盾。由于这一矛盾的不断变化和解决，才不断将社会思想政治准则和法纪道德规范转化成为受教育者个体的品德，从而实现德育内容，达到德育目标。这是一定社会思想道德的个体化过程和受教育者在思想道德方面社会化或再社会化过程，是社会思想道德遗传和继承相统一的过程。

三、德育过程中学生品德的形成过程。

1. 学生品德的形成过程是有关品德的知、情、意、行的培养过程

德育过程是培养学生品德的过程。学生品德是由思想、政治、法纪、道德方面的认识，认知、情感、意志、行为等因素是相对独立的。这几个因素简称为知、情、意、行。构成品德的知、情、意、行这几个因素是相对独立的，又是相互联系的。

道德认识是人们对社会思想道德以及是非、善恶、美丑的认识、判断和评价。是人们确定对客观事物的主观态度和行为准则的内在依据。

道德情感是人们对社会思想道德和人们行为的爱憎、好恶等情绪态度。它伴随品德认识而产生发展并对品德认识和品德行为起着激励和调节作用。判断积极或消极情绪体验好坏的标准是看它跟何种品德认识相联系；以及它在"长善救失"中的地位和作用。

道德意志是人们通过理智权衡，解决思想道德生活中的内心矛盾与支配行为的力量，它常常表现为用正确动机战胜错误动机、用理智战胜欲望、用果断战胜犹豫、用坚持战胜动摇，排除来自主客观的各种干扰和障碍，按照既定的目标把品德行为战胜到底。

道德行为是人们在行动上对他人、社会和自然做出的反应，是人的内在道德认识和情感的外部行为表现。它是通过练习或实践形成的。已经巩固且自动化的道德行为就是道德行为习惯。道德行为是衡量人们品德的重要标志。

德育过程的一般顺序可以概括为提高道德认识、陶冶品德情感、锻炼品德意志

和培养品德行为习惯。有的班主任根据自己的经验将德育工作总结概括为晓之以理、动之以情、持之以恒、导之以行四句话，这是符合德育过程规律的。因而在德育具体实施过程中，又具有多种开端，即不一定恪守知、情、意、行的一般教育培训顺序，而可以根据学生品德发展的具体情况，或从导之以行开始，或从动之以情开始，或从锻炼教育品德意志开始，最后达到使学生品德在知、情、意、行等方面的和谐发展。

2. 学生品德是在教育性活动和交往中形成发展的

学生品德不是先天的，而是在后天的环境和教育影响下，在积极的活动和交往过程中逐步形成发展起来和表现出来并接受检验的，形成一定品德的目的也是为了更好地适应和参与社会活动和交往，参与社会新活动的创造，因此组织学生活动和交往是德育过程的基础。活动和交往的性质、内容、方式不同，对人的品德的影响性质和作用也不同。德育过程中的活动和交往的主要特点是：首先，它具有引导性、目的性和组织性；其次，它是德育实践中的活动和交往，不脱离学生学习这一主导活动和作为主要交往对象的教师和同学；再次，它具有科学性和有效性，是按照学生品德形成发展规律和教育学、心理学原理组织的，因而能更有效地影响学生品德的形成。

3. 学生品德是在其品德内部矛盾斗争中形成发展的

主体品德内部矛盾是受教育者反应当前德育要求产生的品德发展新需要与其已有品德水平上的矛盾，它集中表现为无产阶级思想道德与非无产阶级思想道德的矛盾，正确与错误、先进与落后的矛盾，知与不知、能与不能、多知多能与少知少能的矛盾，品德构成因素和发展方向、水平的矛盾、内部动机和外显行为上的矛盾。教育者的任务在于促进学生品德内部矛盾斗争的发展，使其向着德育要求的方向发展。

4. 学生品德是长期积累和发展的结果

良好品德的形成和不良品德的克服，都要经历一个反复的培养教育或矫正训练的过程；人的品德是在其认知的相对稳定性和不断的变化性的矛盾运动中形成发展的。随着学生的成长和发展，社会对他的要求也就不断提高，社会本身也在不断发展变化，原有的与社会要求相适应的品德在新的社会历史条件下又有进一步发展提高的必要。

第三节 德育实践

一、德育原则的

（一）德育原则的概念

德育原则是根据教育目的、德育目标和教育过程规律提出的指导德育工作的基本要求。德育原则对制定德育大纲、确定德育内容、选择德育方法、运用组织形式等具有指导作用。在我国社会主义条件下，学校德育原则是根据社会主义教育目的和德育目标，在系统总结社会主义德育实践经验的基础上，有选择性地继承、吸收、借鉴历史上德育原则的有益经验，全面系统地分析研究德育过程中的各种矛盾关系，揭示德育过程的客观规律，从而制定出正确处理和解决德育过程中基本矛盾关系的实际工作要求。

（二）德育的主要原则

1 共产主义方向性原则

2 知行统一原则

3 说理疏导与纪律约束相结合原则

4 依靠积极因素、克服消极因素的原则

5 尊重信任与严格要求学生相结合原则

6 集体教育与个别教育相结合原则

7 因材施教原则

8 德育影响一致性与连贯性原则

二、德育方法

（一）德育方法的概念

德育方法是达到教育目的，在德育教育过程中采用的教育者和受教育者相互作用的活动方式的总和。它包括教育者的施教、传道方式和受教育者的受教学习方式。

影响德育方法的因素是很多方面的，不仅有社会生产、科学技术及文化发展水平，而且有学生品德形成发展的规律和一定年龄阶段学生品德发展水平及其个性差异。在德育实践中，教育者主要是根据德育的目标和内容、德育对象的实际和一定的德育原则来选择德育方法。

（二）德语的主要方法

1 说理教育法

通过语言说理传道，使学生明晓道理，分清是非，提高品德认识的方法。这是一种坚持正面理论教育和正面思想引导，增强辨别是非能力，促进道德发展的重要方法。说理的形式多种多样，可以是具体形象、具有启发性说服力的讲解与报告，可以是主题鲜明、民主平等、诚恳热烈的谈话与讨论，还可以通过指导学生认真读书培养其独立思考的能力。

2 榜样示范法

用榜样人物的优秀品格来影响学生的思想、情感和行为的方法。由于榜样能把社会真实的思想、政治和法纪、道德关系表现得更直接、更亲切、更典型，因而能给人以极大的影响、感染和激励，教育、带动和鼓舞人们前进。运用榜样示范法符合青少年学生爱好学习，善于模仿，崇拜英雄，追求上进的年龄特点，也符合人的认识由生动直观到抽象的发展规律。

3 陶冶教育法

它是教师利用环境和自身的教育因素，对学生进行潜移默化的熏陶和感染，使其在耳濡目染中受到感化的方法。

4 实际锻炼法

让学生参加各种实际活动，在活动中锻炼思想，增长才干，培养优秀的思维方式和行为习惯。锻炼的方法主要是学习活动、社会活动、生产劳动和课外文体科技活动。

5 品德修养指导法

教师指导学生自觉主动地进行学习、自我品德反省，以实现思想转化及行为控制。品德修养是建立在自我意识、自我评价能力发展基础上的，是人自觉能动性的表现。这种方法可以增强学生的主体意识，促进其自我意识及其自我修养能力的提高，调动他们自觉主动地接受教育，增强他们抵制不良思想道德影响的免疫能力，推动学校德育工作的发展以及学校德育目标、内容的实现。

6 品德评价法

通过对学生品德进行肯定或否定的评价而予以激励或抑制，促使其品德的健康形成和发展。它包括奖励、惩罚、评比和操行评语。

运用品德评价法要注意做到目的明确、公正合理、符合实际，得到大多数学生的公认，以表扬、奖励为主，批评、惩罚为辅。评比要发扬民主，条件要明确具体、人人皆知；评比过程中要让大家发表意见，使学生受到教育；要定期检查和总结，以及宣传、表彰好人好事。

三、德育途径

德育途径是指教育的实施渠道或形式。我国学校德育主要有以下实施途径：

（一）教学

教学不仅是学校实施全面发展教育的基本组织形式，也是学校德育最基本、最经常、最有效的形式通过教学实施德育主要是通过传授和学习文化科学知识实现的。各科教材中都包含有丰富的德育内容，只要充分发掘教材本身所具有的德育因素，把教学的科学性和思想性统一起来，就能在传授和学习文化科学知识的同时，使学生受到科学精神、社会人文精神的熏陶，养成良好的品德。

教学方法、教学组织形式和教师的榜样作用等都具有教育意义。教师在教学中要对学生进行学习目的、学习态度的教育，培养学生的责任感、义务心，养成他们勤奋刻苦学习的习惯和严谨的治学态度。

（二）共青团、少先队、社团、学生会组织的活动

学校共青团、少先队、社团和学生会是学校里学生的集体组织，他们组织开展的活动不仅有利于发挥学生的主体作用，调动他们的积极性和主动性，培养他们自我教育和自我管理的能力，而且是实现德育内容、达到德育目标的有效形式。

（三）课外、校外活动

课外活动是学校在课堂教学任务之外，利用课余时间对学生实施的各种有意义的教育活动。校外活动是由学校以外的教育机构组织和领导的学生课外教育活动。课外和校外活动是整个教育体系中的组成部分，是进行全面发展教育的重要途径，也是学校实施德育的重要途径。

（四）社会实践活动

根据德育的要求，组织学生参加各种形式的社会实践活动，是学校德育的重要途径。这种途径主要包括组织学生参加劳动（工农业生产劳动、社会公益劳动、自我服务性劳动）、开展勤工俭学活动、组织学生参加社会政治活动（宣传党的政策方针活动、拥军优属活动、社会调查活动、参观访问活动）。

（五）校会、周会、晨会和时事政策学习

校会、周会和晨会是学校对学生、特别是对小学生进行品德教育的经常性活动。

校会是学校召开的全校性学生集会，是对全校学生集体进行教育的一种途径。周会每周举行一次，主要用来对学生进行社会主义道德教育和时事政治教育。晨会时间短，可以每天进行，它能结合具体情况及时进行教育。

第四节 德育改革

中国特色社会主义进入了新的时期，新时代的德育面临许多问题，改革的任务艰巨，复杂而繁重，其中几个重大理论和实践问题需要认真研究解决。

一、我国新时期德育的若干特点和社会主义现代化发展方向

（一）社会主义方向性

德育应坚持社会主义方向，坚持以马克思主义为指导，用社会主义的思想道德教育人们，提高整个民族的思想道德素质水平和修养，为社会主义现代化建设服务。

（二）全民性和民主性

德育的全民性包括这样几层含义：

第一，德育是全国人民的共同权利、义务和责任；

第二，德育的对象包括全国人民，全体社会成员；

第三，德育的任务是提高全国各民族人民的思想道德素质水平，提高整个民族的精神文明程度。德育的全民性和民主性是密切关联的。我国新时期德育应该坚持和努力实现民主化。

（三）变革性

现代社会是变革的社会。从上个世纪中叶以来的一个多世纪，我国社会主义一直处于变革之中。在社会主义初级阶段，为解放和发展生产力，必须自觉地改革生产关系和上层建筑中不适应生产力发展的部分，其中包括道德改革。这种改革是社会主义制度的自我完善。变革性是现代社会的本质和存在方式。1988年12月25日，中共中央发出《关于改革和加强中小学德育工作的通知》。是指导中小学德育工作的重要文件。

（四）开放性

现代社会是开放的社会。德育是社会的一部分，它也应该成为开放性的系统，而不能脱离我国社会主义现代化建设的生活环境和当今世界的发展变化。只有形成开放德育的系统，与外部环境相互联系，相互作用，才能保证德育的发展。德育的

开放性包括两个方面，一是向国内社会开放，二是向国际社会开放。德育开放性的实质是使德育与社会主义现代化建设沟通起来，与改革开放的社会生活实际联系起来，与国际社会联系起来，从中吸取营养，以使德育适应和促进社会主义现代化建设事业的发展，并使德育自身充满生机和活力，得到发展、提高和完善。

二、德育目标应坚持先进性要求和广泛性要求的统一

1986年和1996年，中共中央关于社会主义精神文明建设的两个决议中明确提出：思想道德建设要把先进性要求同广泛性要求结合起来，团结和引导亿万人民积极向上，不断提高全民族的思想道德水平。多层次性是指对大多数人的广泛群众性、基础性的要求，同对共产党员、先进分子特别是党员领导干部的先进性和高标准要求应有所区别。对于青少年的思想道德教育，1996年决议提出的总要求是"帮助青少年树立远大理想，培育优良品德"。同时特别提出要根据大、中、小学的不同特点进行教育，以"形成爱党爱国、关心集体、尊敬师长、勤奋好学、团结互助、遵纪守法的好风尚"。

三、加强德育内容和方法的科学化和民主化建设

我国新时期的德育改革，在内容和方法上要加强科学化和民主化建设，以便使我国德育就基本内容的确立和安排真正符合现代社会和现代人的发展要求，符合人的品德发展规律和实际，切实克服"假大空"和"一刀切"的弊端，切实防止"强灌"、压制、损害人的尊严和抹煞人的独立性和主动性的做法。1978年以来，特别是1983年以来，我国德育理论工作者和实际工作者在理论和实际的结合上，进行了大量的理论和实验的研究，提出了德育基本内容序列化安排的结构迁移说、阶段连续说和螺旋循环说三种观点模式，并具体运用螺旋循环说研制了大、中、小学德育大纲并进行了实验，取得了很大的成绩和进展，但这一工程还远未完成，还是一个需要继续进行艰苦深入研究的理论和实践的课程。

第五节 西方道德教育思想简介

一、苏联的德育理论和实践

（一）马卡连柯的德育思想

马卡连柯（1888—1939）是苏联早期著名的教育实践家和教育理论家。他在马克思主义指导下，在长期从事流浪儿和违法少年的教育工作研究中，总结概括出以

下很有特色和价值的德育思想理论。

1 尊重信任与严格要求相结合的德育原则

要尽量多地要求一个人，也要尽可能多地尊重一个人，这是马卡连柯的基本教育原则。他认为在德育工作中首先要尊重儿童，即尊重儿童的人格，相信他们的力量，善于发扬他们的优点和长处，并以深厚的感情来对待和教育他们。他相信每个学生都有积极的一面，相信通过教育，能够把他们培养成为对社会主义建设有用的新人。

2 集体教育的思想

集体主义教育是马卡连柯教育思想的核心。他的集体教育体系简单说就是"在集体中，通过集体，为了集体"的教育体系。他认为集体应有共同目的、组织机构、自觉纪律、正确舆论、优良传统和作风。他分析了儿童集体形成的阶段，提出了前景教育原则和平行教育影响原则。前景教育就是通过经常在集体和集体成员面前呈现美好的"明天的快乐"的前景，推动集体不断向前运动、发展，永远保持生气勃勃和旺盛的力量。平行教育影响就是"每当我们给个人一种影响的时候，这影响必定同时应当是给予集体的一种影响"。

3 劳动教育的思想

马卡连柯指出，劳动教育即人的劳动品质的培养。他认为劳动如果"没有与其并行的政治的和社会的教育，就不会对教育有好处，会成为不起作用的一个过程"。他重视劳动对于体力、智力发展的意义，但他认为"劳动最大的益处还在于道德和精神上的发展。这种精神发展是由和谐的劳动产生的，它应当构成无产阶级社会公民区别于资产阶级社会公民的那种个人特质。"他强调劳动教育应和生产教育结合，认为"不注意创造价值的劳动不会成为教育的积极因素"。

4 纪律教育思想

马卡连柯的纪律教育是与集体教育、劳动教育密切联系，他认为纪律是达到集体目的最好方式，纪律可以美化集体。在对学生进行纪律教育时，教育谈话和教育者的以身作则是重要的方法，同时又要正确合理地使用惩罚和奖励。惩罚不是目的而是教育手段，惩罚应体现对人的尊重、热爱与严格要求相结合的原则。他反对滥用惩罚，坚决反对体罚。

（二）苏霍姆林斯基的德育思想

苏霍姆林斯基（1918—1970）是苏联五，六十年代著名的教育实践家和教育理论家。他在马克思主义指导下，继承并发展了马卡连柯的教育思想，其德育思想主要包括以下内容：

1 关于德育的地位、任务和内容

他认为教育的目的在于"使每个年轻男女都能在道德上、智力上、实际能力上和心理上作好劳动的准备，发展他们的个人素质、意向和才能"；"学校教育的理想是培养全面和谐发展的人，促进社会进步的积极参与者"。全面和谐发展教育包括智育、体育、德育、劳动教育和美育，这几方面教育各有其相对独立的职能，德育是全面发展教育中的一个组成部分，其最主要的任务是培养意识，也就是形成世界观、道德方面的概念、观点、信念以及多方面的具有道德意义的行为、动机。他认为全面和谐发展教育呈现为一个统一的完整过程，不应分出先后主次、第一第二。他所阐述的德育内容比较广泛，包括培养科学世界观和共产主义观念、道德、劳动态度、以及爱国主义、集体主义、自觉纪律、社会主义、人道主义精神，诚实、正直、原则性、英勇无畏的精神等。

2 关于道德信念的形成与培养

苏霍姆林斯基认为道德信念是道德教育的最终结果，是衡量一个人的精神面貌及其品行中思想和行为一致、言论和行为一致的主要标志，是道德发展的最高目标。道德信念的形成是一个长期、复杂的过程，在道德信念的形成和培养过程中，知识有重要的作用，但"没有情感，道德就会变成枯燥无味的空话，只能培养出伪君子".

3 关于德育的原则和方法

苏霍姆林斯基主张正面教育、启发疏导，发扬每个学生的优点、充分调动每个学生的积极性，要求坚持言行一致和尊重信任学生。他和马卡连柯一样，非常重视集体教育，所不同的是，他主张集体和个人的和谐一致，在集体中也要进行个别教育和个别对待。

4 关于自我道德教育

他认为"没有自我教育就没有真正的教育，自我教育需要有非常重要而强有力的促进因素——自尊心、自我尊重感、上进心"。自我教育的前提是人对人的信任，使个人的荣誉和尊严起作用；自我教育有道德、劳动、学习和体育等几个方面，并且这些方面是相互关联的，因为自我教育的全部过程是头脑和心灵的复杂活动的统一，是感情和信念的统一。

（三）合作教育学的德育思想

"合作教育学"是苏联 80 年代普通教育改革中出现的新的教育理论。它是一批长期从事教育实验的教师和学者提出的。其思想早在 50 年代即已存在。其核心思想是强调教育的社会主义人道主义和个性民主化，主张教学、教育过程应建立在师生合作的新型关系之上。

二、20 世纪西方道德教育思想

从上世纪末以来，西方对道德教育问题研究形成了很多学派。下面简要介绍主要学派或代表人物的道德教育思想。

1. 涂尔干的德育思想

法国社会学家涂尔干（Durkheim, Emil 1858-1971）是 19 世纪末 20 世纪初法国著名社会学家和教育社会学的创始人。他用社会学的观点研究教育问题和德育问题。他的著作很多，其德育思想集中体现在 1925 年出版的《道德教育论》一书中。

（1）个体品德社会化和道德内化过程

他认为教育对促进人的社会化有特殊作用。他说："教育是由年长一代施加的影响，这不是为社会生活作准备，它的目的是发展儿童一定的体力、智力和道德，这是整个政治社会和特定的环境对他们提出的明确的，预定的要求。"他认为德性由纪律精神、牺牲精神、意志自由三要素组成。道德内化就是由道德价值观、规范道德行为习惯，这是从"纪律"发展到"自主"的过程，即由他律到自律的过程。

（2）道德教育的原则和方法

他在对儿童心理特征进行分析的基础上，提出的道德教育原则和方法主要是：要根据儿童习惯和接受暗示性的心理特征进行教育；启发自觉，要求适当，切忌苛求和压制；奖惩结合；学校教育力量要协调统一。

2. 杜威的道德教育思想

杜威有关道德原理和道德教育的专著有十来本，论文很多篇，《教育中的道德原理》是比较集中地探讨道德教育问题的一本书。杜威十分重视道德教育，认为道德教育是解决社会问题、提高人们幸福感的决定因素。他的道德教育思想主要包括以下内容：

（1）道德价值论

杜威认为价值来源于经验，因而价值是相对的。他认为道德评价没有客观标准，道德没有绝对的道德价值，没有人人必须遵守的道德戒律，所有道德规范都是随着社会发展而改变的。他认为人的行为的好坏是从"实用"判断并不是指对我有用而是指对社会人有用。因此学校道德教育的价值只能以社会利益为标准，学校应该教给学生那些增进人类福利的价值观，学生应该学习如何作出道德方面的决定，而不是依照固定的准则。

（2）学校道德教育目的

他提出道德教育目的是促进儿童道德生长。杜威不用"发展"而用"生长"，是因为他把发展定位在"经验的改造"上，以示与其他教育理论家的"发展"观相区别。杜威生活在美国社会大变革的时代，面临着众多的道德问题，由移民、难民问题而引发的宗教问题、难民美国化问题，道德教育上存在的脱离儿童发展需要和美国社会需要的两大缺陷问题。因此他试图从"道德生长"切入，阐述道德教育如何根植于儿童个体道德水平的发展而增益社会，实现资本主义的道德理想。他认为个人善和社会善是紧密相连的，是可以相互促进的。

（3）学校道德教育的内容

他认为"德行之数目无穷"。进行不同分类教育是不可能和不必要的，因为品德的内容与意义也是不固定的，道德教育应首先将儿童作为一个有机整体来进行。他主张在尊重儿童道德人格的基础上，进行20世纪美国人应当着重接受的道德教育。他还十分重视宗教教育，强调培养宗教情感是道德教育的一项重要内容。

（4）学校道德教育行为

主张通过学校生活和各科教学进行道德教育，认为学校生活、教材、教法三位一体组成学校道德教育。他指出学校的社会生活是道德教育的基本要素，道德教育不能只是直接传授道德知识，学校不必专门开设道德教育课程，而主要通过学校生活来进行。他提出学校生活不能脱离社会，学校应体现现在的社会生活，学校生活应是以社会为典型的生活。由于道德观念是在参与社会活动中形成的，因此应进行"更大范围的间接的、生动的道德教育，通过学校生活的一切媒介、手段、材料对学生的个体产生影响"，应组织儿童直接参加社会活动，把他们置于必须自己作出道德选择的具体情境中，采用适合儿童主动性和创造性的方法，用探究、商量和讨论方法代替强制和灌输。

3. 社会学习论和道德教育思想

社会学习论兴起于本世纪60年代初，其主要代表人物是班杜拉。

社会学习论关于道德教育的基本观点是：儿童道德行为通过社会学习即观察学习和模仿学习可以获得和得到改变；环境、社会文化关系、客观条件和榜样强化等是影响儿童道德行为形成发展的重要因素；充分利用这些条件和方法有利于学生良好道德行为的形成和发展。社会学习论者研究儿童道德教育问题主要集中在模仿学习、抗拒诱惑和言行一致等方面，采用的方法主要是实验法。

（1）关于模仿学习

班杜拉和麦克唐纳在1963——1968年期间，通过采用道德判断的故事进行实验证实：儿童的很多行为习惯是从模仿他人的行为模式中得来的。他们先让儿童对故事中人物的行为正确与否做出判断，进行初测，观察判断的水平如何。然后把儿童分成三个小组，采用不同的方法进行实验。实验结果表明：榜样影响作用高于赞扬强化作用，说明儿童的道德判断主要是由社会学习和榜样的影响造成的。

（2）关于言行一致

为了揭示成人言行不一对儿童品德形成发展的影响，米切尔等人于1966年进行了一次实验。他们让成人和儿童一起玩小型滚木球游戏：按一定规则将木球投入球门，投中得分，得20分以上可以得奖。如果严守规则，得奖机会很少；如果不严守规则，得分受奖机会较多。实验分两个组进行，结果表明，成人和同伴言行不一的榜样对儿童不良行为有重要的影响作用。

4. 柯尔伯格的道德教育思想

柯尔伯格（1927—1987）吸取了杜威的个人与社会相互作用说和皮亚杰的认识结构说的思想，在明确区分道德和非道德、确定了道德冲突在人们作出道德决定时产生的作用基础上，采用"道德两难法"研究了儿童的道德发展和教育问题，提出了道德认知发展阶段论及其道德教育模式。他的学说属于认知结构主义学派。

（1）柯尔伯格的道德认知发展阶段论

他认为，一切文化中儿童的道德发展都经历三个水平、六个阶段的固有顺序。一、前世俗水平，包括：第一阶段，惩罚与服从的道德定性阶段；第二阶段，相对快乐主义道德定向阶段。二、世俗水平，包括：第三阶段，人际间的协调或好孩子的道德定向阶段；第四阶段，遵从权威与维护社会秩序的道德定向阶段。三、后世俗水平，包括：第五阶段，民主地承认法律的道德定向阶段；第六阶段，普遍伦理原则的道德定向阶段。

（2）柯尔伯格的道德教育思想

他根据道德认知发展阶段论，提出以下一些道德教育观点。

①学校道德教育的目的是促进学生道德判断能力的发展。

②根据儿童道德认知发展的阶段性特点循序渐进地进行道德教育。

③强调社会环境对儿童道德发展的巨大刺激作用。

④倡导"道德两难法"。即道德两难故事问答讨论法，启发儿童积极思考道德问题，从道德冲突中寻找正确的答案，以有效地发展儿童的道德判断力，如果把学生单纯当作装"德性的口袋"，简单化地强行往这个口袋里装填、灌输道德概念，他们不真正理解，道德判断能力不可能真正得到发展。

第五章
教师与素质教育

第一节 素质的内涵与外延

一、概念：素质

素质是指人的先天生理解剖特点，主要指神经系统、脑的特性及感觉器官和运动器官的特点。素质是心理活动发展的前提，离开这个物质基础谈不上心理发展。

对素质的解释虽有所不同，但有一点是共同的；即素质是以人的生理和心理实际作基础，以其自然属性为基本前提的。一般认为，素质因素涵盖了：一个人文化水平的高低，身体的健康程度以及家族遗传于自己惯性思维能力，对事物的洞察能力，管理能力和智商、情商层次高低以及与职业技能所达级别的综合体现。

人的素质包括身体素质、心理素质和文化素质。素质只是人的心理发展的生理条件，不能决定人的心理内容与发展水平，人的心理活动是在遗传素质与环境教育相结合中发展起来的。而人的素质一旦形成就具有内在的相对稳定的特征。所以，人的素质是以人的先天禀赋为基质，在后天环境和教育影响下形成并发展起来的、内在的、相对稳定的身心组织结构及其质量水平。

《辞海》对素质一词的定义为：①人的生理上的原来的特点。②事物本来的性质。③完成某种活动所必需的基本条件。在高等教育领域中，素质应是第三个定义。那就是大学生从事社会实践活动所具备的能力。

《辞海》中还写道："素质是指人或事物在某些方面的本来特点和原有基础。在心理学上，指人的先天的解剖生理特点，主要是感觉器官和神经系统方面的特点，是人的心理发展的生理条件，但不能决定人的心理内容和发展水平。"—这是关于狭义素质的典型解释。

广义的素质指的是教育学意义上的素质概念，指"人在先天生理的基础上，在后天通过环境影响和教育训练所获得的、内在的、相对稳定的、长期发挥作用的身心特征及其基本品质结构，通常又称为素养。主要包括人的道德素质、智力素质、身体素质、审美素质、劳动技能素质等。"—素质教育中的素质，指的是广义素质。

在各学科领域，对于"素质"一词的理解与诠释，可以说是众说纷纭、众口不一，主要说法列举如下：

素质——沟通的效率与层次可概括为素质。层次高低取决于人的单技术知识深度或多知识修养广度（专家和博学、反面是八卦和肤浅）、沟通方式的丰富性和准确性（如以前不识字的人用画画来代替完成书信），人生观价值取向（创造为乐或享受为乐），情商优劣等条件。

所谓素质，本来含义是指有机体与生俱来的生理解剖特点，即生理学上所说的"遗传素质"，它是人的能力发展的自然前提和基础。按此，定义素质为：当你将所学的一切知识与书本忘掉之后所剩下来的那种东西，这种讲法也不无道理。

"素质"是指个人的才智、能力和内在涵养，即才干和道德力量。历史学家托马斯·卡莱尔就特别强调作为英雄和伟人的素质方面。在他看来，"忠诚"和"识度"是识别英雄和伟人最为关键的标准。

"素质"是指人的体质、品质和素养．素质教育是一种旨在促进人的素质发展，提高人的素质发展质量和水平的教育活动。一个有学识不具备教育能力的人可以从事别的职业，但不能从事教师职业。

"素质"又称"能力"、"资质"、"才干"等，是驱动员工产生优秀工作绩效的各种个性特征的集合，它反映的是可以通过不同方式表现出来的员工的知识、技能、个性与驱动力等。素质是判断一个人能否胜任某项工作的起点，是决定并区别绩效差异的个人特征。

"素质"是指一个人在政治、思想、作风、道德品质和知识、技能等方面，经过长期锻炼、学习所达到的一定水平。它是人的一种较为稳定的属性，能对人的各种行为起到长期的、持续的影响甚至决定作用。

"素质"是指在人的先天生理的基础之上，经过后天的教育和社会环境的影响，由知识内化而形成的相对稳定的心理品质及其素养、修养和能力的总称。

素质就是一个人在社会生活中思想与行为的具体表现。共分为三类八种。

三类素质是指自然素质，心理素质和社会素质。

八种素质是指政治素质，思想素质、道德素质、业务素质、审美素质、劳技素质、身体素质、心理素质。

二、素质和素质教育的关系

素质教育，在某种意义上来说，是针对应试教育而提出的。教育要避免纳入应试教育的轨道，必须认识到素质教育与应试教育对立的诸多方面。归纳有以下几个方面：

在教育目的上，素质教育追求学生素质即德、智、体、美、劳的全面发展；而应试教育旨在应付考试，片面追求升学率。

在教育对象上，素质教育强调面向全体学生；应试教育则把学校工作放在少数所谓优秀的即有升学前途的学生身上。

在教育内容上，素质教育重视德育、智育、体育、美育、劳动技术教育的"全面开花"，把几项教育有机结合起来；而应试教育则只重智育，片面强调对知识的掌握，忽视了教学生学习如何做人。

在教育方法上，素质教育注意在一定共同要求的基础上对学生因材施教；应试教育则只是对少数学生提出"升学"的统一要求，并没有实现因材施教。

在教育评价上素质教育要求从德、智、体、美、劳等各个方面来评价学生的素质水平；应试教育则把考试作为唯一的评价方法，将分数作为唯一的评价标准。

在教育结果上，素质教育"不求个个升学，但愿人人成功"，或者每个学生"及格＋特长"模式；应试教育则只有少数人升学，获得成功，而大多数学生的才能被忽略，以失败者的心态走向社会。

从上述两种教育的"对立"中不难看出，正是由于应试教育存在着如此众多的负面消极因素。所以，才激发推动了素质教育的发展。

第二节 素质教育

一、概念：素质教育

素质教育是指一种以提高受教育者诸方面素质为目标的教育模式。

它重视人的思想道德素质、能力培养、个性发展、身体健康和心理健康教育。

素质教育与应试教育相对立，但也并非绝对对立的概念，因为两者在词义上本来就并非反义词。

素质教育的含义还包括：依据人的发展和社会发展的实际需要，以全面提高全体学生的基本素质为根本目的，以尊重学生主体性和主动精神，注重开发人的智慧潜能，注重形成人的健全个性为根本特征的教育。

实施素质教育是我国社会主义现代化建设事业的需要。它体现了基础教育的性质、宗旨与任务。提倡素质教育，有利于遏制很久以前就已有的基础教育中存在着的"应试教育"和片面追求升学率的倾向，有助于把全面发展教育落到实处。从教育面向现代化、面向世界和面向未来的要求看，素质教育势在必行。

目前，我国教育界对中小学素质教育内涵的研究，由于角度不同，给素质教育下的定义（或作的解释）不尽相同。有人依据"强调点"归纳"素质教育"有 9 类

15个定义。这9类定义，有的属于词语定义；有的属于哲学定义；有的强调以人的发展为出发点；有的同时强调人的发展和社会发展；有的强调公民素质；有的强调先天与后天相结合，有的把各种素质平列；有的试图划分素质层次；还有的强调通过科学途径充分发挥天赋。综观这些定义，虽然表述不一，但有着共同特点：

第一，认为素质教育是以全面提高全体学生的基本素质为根本目的的教育。

第二，认为素质教育要依据社会发展和人的发展的实际需要。有的定义虽然只提到人的发展，但并非是不考虑社会需要，而是针对"应试教育"忽视学生主体性的偏向而突出强调人的发展。

第三，在某种意义上，素质使人联想到潜能。这些定义都主张充分开发智慧潜能。

第四，不仅主张智慧潜能的充分开发，而且主张个性的全面发展，重视心理素质的培养。

作为定义，既要简洁，又要能涵盖要领的本质特征。依据这一要求和以上的分析，可以试将素质教育定义为：素质教育是依据人的发展和社会发展的实际需要，以全面提高全体学生的基本素质为根本目的，以尊重学生个性，注重开发人的身心潜能，注重形成人的健全个性为根本特征的教育。

素质教育在国内已经是闹的沸沸扬扬，但是面对中国的应试教育，一路坎坷，很不乐观。

关于素质教育的含义，原国家教委在《关于当前积极推进中小学实施素质教育的若干意见》中作了明确解释："素质教育是以提高民族素质为宗旨的教育。它是依据《教育法》规定的国家教育方针，着眼于受教育者及社会长远发展的要求，以面向全体学生、全面提高学生的基本素质为根本宗旨，以注重培养受教育者的态度、能力、促进他们在德、智、体等方面生动、活泼、主动地发展为基本特征的教育。"

素质教育主要包括内在素质和外在素质的教育。内在素质主要是人对世界、环境、人生的看法和意义，包括人的世界观、人生观、价值观、道德观等，也就是一个人的对待人、事、物的看法，也可以称为人的"心态"。外在素质就是一个人具有的能力、行为、所取得的成就等。

现行的应试教育被教育者以听为主，而素质教育以被教育者的主动性为主。但是，高度有限，只针对孩子，却忽视了教育者自身以及所有社会人士。

1. 素质教育，是以全面提高人的基本素质为根本目的，以尊重人的主体性和主动精神，以人为的性格为基础，注重开发人的智慧潜能，注重形成人的健全个性为根本特征的教育。素质教育，是社会发展的实际需要，要达到让人正确面临和处理自身所处社会环境的一切事物和现象的目的。马列主义的社会主义社会，毛泽东思想下的社会主义社会，邓小平中国特色社会主义社会，胡锦涛和谐社会的社会主义社会，习近平中国特色社会主义社会都是高素质的理想社会。没有高素质，"和谐"从何谈起？没有高素质，"社会主义"将是虚幻的理想社会。

2. 素质教育，应该从全社会的高度发起。素质教育不应该假借某某活动知名（如：学雷锋日，奥运会，博览会……）发起，社会是每一个个体组成的，生活由每一天每一秒每一瞬间组成，每一个社会人，每一个生命活动都在体现着你的素质。"桥上的人在看风景，桥下的人在看你。"每个人都责无旁贷。

3. 素质教育应该从新闻人物做起，充分发挥新闻人物的社会效应。毛主席的时代，是特殊时代，毛泽东思想的精髓是：实事求是、批评与自我批评、为人民服务……；在那个时代，领导、榜样、先进、模范、标兵、做老实人……；当年令人激动万分的一些词语，现在已经慢慢淡出。可是现在只有政府官员，没有了"领导"，"为人民服务"换成了"形象重于生命"。 是谁领导我们闹革命，是谁领导我们翻了身？谁能领导我们搞教育革命、素质教育，--- 是我们的亲人，毛主席！我们的亲人，共产党！

4. 人民的力量是无限的。领导带头，群众加油！为全人类，为社会主义建设，加油！

二、关于素质教育基础：

素质教育的基础就是成人教育，是成为人的教育，而不是成年人的教育。成人教育原应在婴儿教育、幼儿教育和义务教育阶段完成，但目前中国的现状是：部分已经走上社会的经过高中教育、职业教育和高等教育的毕业生仍缺少人的基本素质，已影响到中华民族的素质；因此，必须特别加强婴儿教育、幼儿教育和义务教育阶段的成人教育，对现阶段高中教育、职业教育和高等教育的学生，必须补充成人教育。

（一）成人和成人教育的定义

成人，有作名词和作动宾结构两种解释。

成人，作名词有四层含意：一是生理成人，即性发育成熟的人，中国女性约在14岁左右，男性约在16岁左右；二是法定成人，中国年满18周岁的公民；三是心理成人，思想、感情、道德成熟的人；四是能力成人，能从事某种工作，自食其力，自理生活的人。总而言之，成人就是年满18周岁，生理、心理发育成熟，能独立生活，具备最基本素质的人。成人的四层含意缺一不可，否则仍然不是真正的人。

成人，作动宾结构，即"成为人"：人从出生开始，通过内因和外因的共同作用，发育、成长，进化到符合当时社会最基本标准、具备最基本素质的人的过程。有的人到死的时候也未能完成这个过程，这个人也就未能成为一个真正的人。

成人教育，就是把具有人的基本形态的高等动物培养成为具有人的基本素质的真正人的教育。

（二）成人的历程

"人之初，性本善"，还是"人之初，性本恶"，几千年来，两种观点争论不休。其实，人之初，性非善非恶，就是动物本性；从人类发展历史看是如此，从一个人的成长史看也是如此。

一个人从出生、成长到死亡的过程，浓缩了从高等动物到文明人的进化过程。

1、婴儿阶段

婴儿阶段的人与刚出生的小动物没有区别，不会说话，不会行走。由于进化的人类对后代的呵护，使婴儿的能力大大退化。刚出生的小动物，很短时间就能爬到母亲的身边由奶头吃奶；现在人类婴儿的生存能力还不如小动物。在父母的抚育下，不断生长、发育；不断地向父母亲和周围接触过的一切人，模仿、学习、学会语言、学会直立行走……，婴儿才开始具备人的基本特性。婴儿阶段的模仿、学习，是动物本能的一种表现。婴儿阶段的生长、发育和各种能力的培养，主要和父、母亲的综合素质相关，也和周围所能接触到的社会环境密切相关。

2、成人阶段

成人阶段是人继续生长、发育阶段，更是每个人从动物向真正人的进化阶段。在这个阶段人要完成三方面的进化：

（1）身体能力进化。

身体能力进化包括三个方面：一是生长，身高增加、体重增加、力量增大；二是发育，性器官发育成熟，男性能产生成熟的精子，女性能产生成熟的卵子。三是能力增强，在生长、发育的过程中，在内、外因素共同作用下，对自然的适应能力、对社会的适应能力，独立生活和参加社会工作的能力都不断增强。生长、发育和各种动物基本一样，而在能力增强方面，各个体之间在从动物向人进化的历程中差异很大。

（2）大脑智力进化。

大脑智力进化包括两个方面：一是遗传方面，随着生长发育脑体积不断增大，人的各种遗传潜能在后天各种因素的激发下不断发挥、显现出来。二是教育和学习，大脑不断接收各种信息，智力不断提高，在科学技术指导下的各种技能也不断提高。大脑智力的进化，是表现各个体从动物进化到人的程度的重要标志。

（3）意识形态进化。

人刚出生和动物一样没有意识形态。意识形态进化是人特有的，在出生后通过接受各种信息而形成的，做人的基本观点，包括世界观、人生观以及政治、法律、哲学、艺术、宗教、道德等思想观念；意识形态是从动物进化到人的主要标志。

成人阶段是人的生长、发育、模仿、学习阶段，劳动能力的准备阶段。少儿要培养独立生存、生活的能力，要学习文字，学习各种文化知识、科技知识、专业技能，要学习各种社会知识，学会与人交往、与人沟通，与人共事。这就是一个从动物进化成为人的过程。

人15岁左右性发育成熟，可以繁衍后代是生理成人，中国为年满18周岁的公民是法定成人，思想、感情、道德成熟是心理成人，能从事某种工作、独立生活是能力成人。年满18周岁，生理、心理发育成熟，能独立生活，也就是完成了从动物到人的进化过程。

一般情况下，每个人都可以生理成人、法定成人；但并不是每个人都可以心理成人、能力成人。如很多刑事犯罪分子就是缺乏人的思想道德，心理未成熟，还停留在动物的本性上，未能成人；又如未能掌握必要的知识和技能，能力还停留在动物的水平上，未走上职业岗位，未能独立生活，也未能成人！

3、达文明人阶段

成长为文明人这是人进化、发展的高级阶段。不是所有的人都能成为文明人，但成为文明人应成为每一个有良知的人的努力目标。现在中国强调素质教育，正是为了促进每一个人更好地完成各方面的进化，成为真正的人，成为文明人。

（三）成人教育的基础内容

1、学习和思维能力是成人的基础条件

人与高等动物的共性是每个人从高等动物发展成为真正人的基本条件和前提，如果没有这些共性，具有人的形态的高等动物就不能发展成真正的人。

（1）生理共性

所有高等动物都有头和大脑，都有能接收各种信息的感觉器官；所有高等动物都有肢体，都能进行运动，这是动物最基本的特性。大脑对各种信息能进行综合分析，并指挥肢体从事各种活动。人和高等动物一样，从出生靠上代哺育到自立生存，需要经过生长和发育，提高生存能力的过程，从而具备了繁殖能力和生存能力。繁殖能力，维持本物种的生存；生存能力，维持自身个体的生存。从环境中获取物质和能量，完成生理上的进化和成熟，产生独立生活的能力。

（2）行为共性

食、性交、运动：人和一切动物一样，都必须通过运动获取食物，获得能量和物质才能维持生命；都必须进行性交，实现生命的繁衍。人和动物一样，从出生靠上代哺育到自立生存，需要生长和发育，提高身体能力：包括自身繁殖的能力和活动的能力，完成生理上的进化和成熟。

模仿、学习：人和动物一样，有的能力是通过基因遗传，还有很多能力是在哺育过程中，向上代学习而代代继承相传；模仿和学习这是动物本能和共性。

思维：利用大脑对各种信息能进行综合分析就是思维，这是大脑的主要功能，也是创新的基本条件，会思维是高等动物的共性。

高等动物的模仿、学习和思维共性，是各个体发展成为人的关键。各个具有人的形态的高等动物，在进化到真正人的历程中，发展速度、水平有很大差异，其主要原因就在于内因：各个个体在后天生长、发育、发展中，学习和思维存在的差异。

2、人和高等动物的基本区别和成人教育基础内容

从高等动物到人是一个缓慢的进化过程，人和高等动物的区别是进化的结果。人与动物有显著的区别，主要表现在形态能力、行为表现、思想意识三个方面。成人教育的基础内容也从这三方面展开。

（1）形态能力教育

A、直立行走、语言、手的功能的培养：人和动物的形态区别主要在于能直立行走和手的形成。人和动物的能力区别主要在于：人有语言，能使用火，能制造并使用工具。上述能力的培养基本上是在婴儿阶段，由家庭完成。

B、创造性能力的培养：能力的本质是创造性。创造是社会发展的前提。创造性是能首创前所未有事物的内在本质。创造性是生产力发展和社会文明发展的基础。社会文明是不断创新的结果。创造性能力培养特别应贯穿于幼儿教育、义务教育始

终，从小培养敢于创新的思想和创新思维的能力；中国的"应试教育"已经严重束缚了一代人创造性能力的培养和发挥，影响了中国科学技术的发展速度。

（2）行为表现教育

A、行为控制能力的培养：人与动物行为的区别：动物的行为表现基本上都是生理需要的反映，人的行为表现除了生理需要的反映，还有安全、社交、尊重、自我实现等高层次需要的反映。人的行为表现与动物的区别也在于：人的行为表现是在理性指导下，受当时社会公德、法律法规约束下的行为表现。成人教育的重要内容就是要在幼儿教育、义务教育阶段，教育学生自觉培养行为控制能力，自觉遵守社会公德和法律法规。

有些人的行为表现出"两面性"：人前一套，人后一套；当面一套，背后一套；这种行为表现实质是动物本性的一种反映，这种人知道在人类社会中需要装出人的样子。大多数人在社会中，也处在经常和自己动物本性作斗争，克服自己身上不良动物本性的过程中。

如两性关系：动物性发育成熟后就可以与异性交配；有些物种的种群中，在交配上也存在竞争，强壮的雄性经过争斗获胜，成为头领，才有交配权。人的两性关系必须建立在在理性的指导下，受当时的社会公德、法律、法规约束。人与人性交建立在感情的基础上，在有独立生活能力，达到法定年龄，通过法定程序，建立夫妻关系的两性之间进行，并生儿育女，共同承担对长辈，对后辈、夫妻间和对社会的责任。

两性同学之间产生喜悦之情，这是一切高等动物正常的生理反映。作为人，这种感情必须在理性的控制之下，控制得好，可成为学习的动力，相互帮助，学好知识和技能，为将来立业成家、承担责任作准备。如果没有理性，随心所欲，就会影响学习；甚至产生其他一切非理性行为，实质上就是动物的行为表现。

又如打架斗殴，实质上也是动物本性的一种表现，而不是人应有的行为表现。但由于各个具有人的形态的高等动物在从动物到人的进化历程中发展不平衡，社会上总有打架斗殴的事情发生，甚至造成人身伤害。为了维护社会的安定、和谐，防止动物本性破坏人类社会的正常秩序，任何社会都制定了一系列法律法规、任何学校都制定一系列纪律制度，规范一切人、一切学生的行为。并对打架斗殴、破坏社会、集体秩序的行为进行教育、处罚、强制性管教，直至给予应有的法律制裁。

B、社会公德教育：社会公德是人类社会都应该遵循的人与人相处的行为准则和规范。每一个人在生长发育的过程中，必须学会遵守社会公德，完成心理和精神上的进化和成熟，从为生存而生存、自私、野蛮的动物本性的禁锢中解放出来。社会公德主要可概括为五个方面：

文明礼貌、敬老爱幼。文明礼貌、敬老爱幼是人的最基本道德。

保护环境、讲究卫生。保护环境、讲究卫生是为人类当前生存和子孙后代生存的道德。

遵纪守法、勤恳敬业。遵纪守法、勤恳敬业是为社会物质文明和精神文明的基本贡献。

助人为乐、见义勇为。助人为乐、见义勇为是为社会物质文明和精神文明的高层次的贡献。

诚实守信、正直向上。诚实守信、正直向上是为社会稳定和持续发展的贡献。

（3）思想意识教育

有思想意识是人和动物的本质区别。在人类文明的发展中，出现了各种世界观和人生观。

A、世界观教育：世界观是人们对整个世界的根本看法。科学的世界观必须在不断学习自然知识和社会知识的过程中逐步形成。一是掌握知识：人在成长的过程中要不断学习各种知识，一个人的知识面越广，知识越丰富，越容易形成科学的世界观。二是掌握技能：人在成长的过程中要不断学习并掌握各种技能，包括生存、生活的基本技能，从事某种职业的技能。

B、人生观教育：人生观是人们对人生的根本看法。主要包括：人生目的、人生态度和人生价值。以天下为己任，从全人类的生存和可持续发展出发，不断发展生产力，为实现全人类物质文明、精神文明和政治文明为最高目标，是科学的人生观。没有思想意识、浑浑噩噩的人其实质还停留在动物水平上。

C、劳动观念教育：人要不断发展社会生产力，提高生存、生活质量，为人类的持续发展而劳动。人必须成为社会生产力、成为劳动力，能创造财富。人创造财富，客观上有两种作用，一是满足自身生存的需要，二是满足人类发展的需要。如果一个人仅为了自身生存创造财富，这是动物为生存而生存的本能，这个人还和动物一样。为发展生产力，为满足人类不断提高的物质生活和精神生活的需要，而从事体力劳动或脑力劳动，为了人类的持续发展而劳动，才是人与动物的根本区别。

D、终生学习教育：21世纪是科技革命的新世纪，是知识爆炸的时代，是实现个人梦想的时代。每个人都不可能在学校学好今后走上社会所需的一切知识。随着社会的发展，每个人都必须在生产实践中根据需要不断学习、充实、完善。因此，每个人还必须把培养自己不断学习、善于学习能力放在重要地位，现代人必须终生学习。

三、关于素质教育目标：

①素质教育的目标是培养成功的人格，有一位人格养成专家，因兴趣使然结识众多海内外文化大家、儒释道等百家要人、社会精英人士及名人骚客。浸淫于浩若烟波的中华文化中，总结出人格之精髓——大成模型，填补了国内外人文教育的空白。大成模型是对往圣先贤人格发展的总结与提升，以人体结构为模型，将全息人格分为道、德、知行、时间、契约、行为、结果、情感、抉择九个部分，以生命进化为前提，在内、外和谐的格局内呈螺旋状平衡向前接近成长模型。

②布卢姆的"教育目标分类学"在包括我国在内的许多国家产生过较大影响。这一模式在今天已暴露出某些不足。

（1）"先确定目的然后确定手段"的做法，在课程设计中未必可行，不应把目的和手段完全分开。

（2）忽视了在一定情况下进行点滴改进的必要性，同时也忽视了课程内容的多样性，以及教师对所出现的问题进行随机处理的必要性。

（3）像理解力、鉴赏力等重要的教育结果，是难以测量和清楚地观察到的。

有鉴于此，有学者提出另外的观点，认为学习活动是师生间、学生间、学生与教材间以及学生与其他外部因素相互作用的复杂过程，在每一个学习者的学习活动中充满着偶发的、不可预知的因素。因此，既无可能也无必要在教育活动开始前就对学习结果作出明确规定，而应在教育活动进行的过程中逐步形成目标，并不断修正目标，使之随时适应新的情况。简言之：既不应有预先统一的目标，也不应有恒定不变的目标，应当为教育活动的参与者提供更加广阔的天地。素质教育的重要职能是发展人的个性，使每一位受教育者的潜能都能得到充分的开发和发展。严格说来，每一位受教育者都应有各自独特的发展目标，那么，还要不要统一的教育目标？要不要具体的教育目标？回答都是肯定的。

四、关于灵魂：

强调青少年思想教育工作，把它喻为"灵魂"、"核心"、"关键"，是党中央和政府几代集体领导核心一以贯之的思想，在今天具有尤为重大的现实意义。新中国成立以来，特别是改革开放以来，学校的思想教育工作取得了一定的成效，广大青少年学生表现出政治上积极上进，学习上勤奋刻苦，生活上丰富多彩的主流精神风貌。但同时必须清醒地看到，今天青少年成长的外部环境和他们的身心发展特点都发生了很大变化。一方面，冷战结束后，世界政治多极化、经济全球化的发展趋势日益明显，国际社会主义运动处于低潮，西方社会越来越把意识形态的渗透当做全球战略的重要内容，极力通过多种途径加紧进行思想和文化渗透，宣扬资本主义价值观，同我们争夺思想阵地，争夺青少年一代。另一方面，我国正处于社会主义初级阶段，社会主义市场经济的建立使社会生活发生着深刻变化。目前，社会上出现的拜金主义、享乐主义、个人主义等腐朽思想及各种社会丑恶现象会给青少年学生带来许多消极影响。另外，几千年的封建文化影响也仍然存在，这些都必然影响青少年理想、信念、人生观、价值观、道德观的形成。再加上一些地方和学校的青少年思想政治教育滞后于时代发展的要求，教育工作的指导思想不明确，思想教育工作的目标和要求不落实；体制、机制、队伍和投入政策措施不到位；重智轻德、重课堂轻实践等倾向十分严重；思想教育的内容、方法、手段不适应时代的需要和青少年发展的特点；一部分学校忽视思想教育工作，一部分教师不能为人师表，一部分地区的育人环境和舆论氛围起着负面导向作用，造成一部分青少年心理脆弱、理想淡漠、思想混乱，少数青少年甚至走上违法犯罪道路。

五、关于本质：

其实，对于什么是素质教育的问题，回答应该是清楚的。"素质教育从本质来说，就是以提高国民素质为目标的教育。"这是从教育哲学的角度在教育目的层次上对素质教育概念的一种规定，这一规定把素质教育与其他种种不是以提高国民素质为目标的教育区分开来。

例如，它明确地区分了素质教育与"应试教育"。

第一，素质教育的目标是提高国民素质；而"应试教育"的目标是"为应试而教，为应试而学"，在此目标导向下，即使客观上能使部分学生的某些素质获得浅层次发展，也只能是片面的，以牺牲其他方面发展为代价的。

第二，素质教育以提高国民素质为目标，必然要面向全体学生，面向每一位未来的国民；而"应试教育"则把目光盯在少数升学有望的学生身上，弃多数学生于不顾，甚至不惜将正常儿童扣上"弱智"的帽子，使其不列入分数统计。

第三，素质教育为了提高国民素质，强调教育者发挥创造精神，从学校实际出发设计并组织科学的教育教学活动，促进受教育者在自主活动中将外部教育影响主动内化为自己稳定的身心素质；而"应试教育"则使教育者跟着考试指挥棒亦步亦趋，在教学方法上以灌输、说教、被动接受为基本特征的。

六、关于机制

（一）约束机制

实施素质教育既需要解决"令行"的问题，也需要解决"禁止"的问题，禁止是对背离、干扰、阻碍素质教育实施的行为的禁止。"令行"与"禁止"互相关联，互为因果，是一个问题的两个侧面。约束机制尽管着眼于"禁止"，其实是为了"令行"，是为了在社区内产生有利于实施素质教育的社会舆论和共同的风尚习俗，造成使个体行为从众化的心理压力和动力，在行为上进行自我控制。可见，必要的约束是实施素质教育的有力保证，是素质教育运行机制的重要组成部分。

素质教育的约束包括法规约束、组织约束和文化约束等形式。就法规约束和组织约束而言，也可以分为四个环节。

①决策环节，这是对约束的方向、内容、力度等作出决定的过程。例如国家教育部发出《关于在小学减轻学生过重负担的紧急通知》（2000年1月3日），规定的若干个"不得"，同时规定："对加重学生负担的违纪事件，一经核实，必须严肃处理，对有关责任人要给予相应的行政处分。"有的地方教育行政部门也分别制定了《约法三章》、《十不准》等规范性文件，包括对违反行为的惩罚规定。这些都是建立在调查研究基础上的正确决策。

②实施环节，这是落实约束手段的过程。这一过程同时也是约束与反约束的矛盾、冲突过程，既需要实事求是的态度和认真细致的工作作风，也需要执行者坚定不移的决心和执法必严的气势，以利于维护决策权威，保证其真正落实。据报道，为解决拖欠教师工资问题，有些省、市建立了责任追究制度，凡是教师工资不能兑现的地方，首先追究"一把手"的责任，凡教师工资发放不了的，机关工作人员、干部的工资一律停发，结果是教师工资全部得到解决。

③监控环节。这是指决策机构对实施环节和约束对象进行监督、核察和调控的过程，也是对越轨行为施以惩罚的过程。

④反馈环节。有关的约束决策是否正确，约束是否收到预期效果，整个约束过程能否良性运转，对这些问题都需要通过反馈环节获得确切信息，以便对决策、实

施、监控等环节作进一步调整。

（二）保障机制

素质教育运行的保障机制，是指为素质教育运行提供必备的基本条件。辩证唯物主义认为，一切具体事物的存在和发展都是有条件的，孤立的不需要任何条件的事物是不存在的。建立健全素质教育的保障机制，就是提供保证素质教育正常运行所需的基本条件。

素质教育保障机制主要包括两个环节。首先，要保证学校经费和设施达到规定标准。《中华人民共和国教育法》第二十五条规定：各级人民政府教育财政拨款的增长应当高于财政经常性收入的增长，并使按在校学生人数平均的教育费用逐步增长，保证教师工资和学生人均公用经费逐步增长（简称"三个增长"）。近年来总的形势不容乐观。至今不少学校，特别是老、少、边、山地区的学校办学条件仍然停留在"黑板＋粉笔"的阶段，一些学校甚至连粉笔也要限量供应。学校应该具备的教学仪器、图书资料、运动场地和器材等，几乎是一无所有。不少学校教师工资常遭拖欠、克扣，进修、培训的经费更是无从谈起。学生生活单调，视野狭窄，孤陋寡闻，哪里谈得上提高和全面发展？其次，要尽快有效地改造薄弱学校，特别是义务教育阶段的薄弱学校，主要是指办学条件差、办学水平差、教学质量差、社会声誉差的学校。多年以来，独生子女占较大的比例，家长对子女的前途也越来越关心、重视。在愈刮愈烈的"择校风"中，条件好的学校人满为患，而薄弱学校则难以为继，师生在精神上受到创伤，信心削弱进一步加剧，形成恶性循环。这些现象不利于维护正常的教育秩序，不利于维护公民教育和学习权利的平等，更不利于素质教育的实施。

（三）动力机制

社会需要是素质教育运行的动力源。提高人的素质既是生存的需要，又是发展的需要；既是社会发展的客观需要，又是个人自我完善的主观需要；既是个人的需要，又是社会、国家以及整个人类持续发展的需要。就一个地区而言，提高人的素质，能有效地促进社区居民素质的提高，满足社区发展各种需求，符合包括学生及其家长在内的所有人的共同的根本利益，这是实施素质教育永不枯竭的动力源泉。可以说，实施素质教育的动力是客观存在的，也是十分现实的，关键是素质教育的价值尚未被充分揭示，少数学校和家长误认为实施素质教育会损害自己的利益而产生某种抵触情绪，因而，建立素质教育的动力机制，首先就是要将阻力变为动力。

素质教育动力机制主要包括三个环节。一是动力源开发环节，即激发人们对素质发展的内在需求，特别是引导人们将单纯的片面的文凭需求变为着重对素质的追求。二是动力转化环节，将对优良素质的需要这一潜在形态的动力转化为追求优良素质的现实动力，转化为参与素质教育的实际行动。三是动力反馈环节，指整个动力机制输出结果对动力机制运行产生影响的过程，通过反馈，动力主体可以获得有关信息，从而对自身动力的方向、强度、持久性等做相应调整。

（四）激励机制

素质教育激励机制是一种引导过程，它包括四个环节。

1. 导向环节。

《决定》颁布之前，人们对素质、素质教育等基本概念缺乏统一的认识，因而一度各地各学校只是依据各自对素质教育的理解，自发地进行相对无序的实践探索。《决定》的颁布，为素质教育的若干基本问题形成统一认识提供了政策性依据，为素质教育的健康发展指明了方向，应当把各地、各学校的思想认识和具体行动统一到《决定》上来。地方政府要把"提高国民素质，增强综合国力"的总体目标具体化为提高本地区居民素质、提高地区综合实力、促进区域经济和社会发展的目标，使这一目标作为一面旗帜，充分发挥其凝聚、感召、整合、激励等作用。借用柳斌同志的话说，就是"应该把素质教育的旗帜举得高高的，把素质教育的舆论造得浓浓的，把素质教育的劲头鼓得足足的，要理直气壮地抓素质教育。"

2. 检测环节，亦即评价环节。

根据政府及有关部门的素质教育目标、准则、制度等，对实施素质教育的机构和人员进行检测、评价。包括硬评价和软评价两种，前者指政府部门（包括教育督导机关）按照既定的有关条例，对下级政府和学校以及图书馆、博物馆、青少年官、教育基地、社区教育委员会等实施素质教育的机构和工作人员实施素质教育的情况，进行全面或某一方面的系统检查、评价，带有权威性。后者指社会舆论对学校及教师工作的评价，包括媒体对学校和教师工作的报道、家长和社会人士的有关评论等。

3. 分配环节。

根据评价结果按一定程序将社会资源分配给有关单位和个人。社会资源分配包括物质性的，如增加工资、颁布奖金奖品等，也包括精神性的，如授予荣誉称号、晋升职务职称、颁发奖章奖状等。

4. 反馈环节。

反馈环节应特别注意两个问题，一是分配结果与评价结果是否一致，二是获得较少社会资源的那部分单位和个人，如何调整自己的观念和行为。应当根据需要不断地对激励标难、手段和过程进行及时调节，使之更加合理公正，更加健全完善，更能使获得激励的那部分单位和个人成为其他单位和个人学习的榜样，使政府对素质教育的提倡变得具体形象，容易为公众广泛接受，从而扩散到整个社会。

七、素质教育的基本特点：

（一）全体性

所谓"全体性"，广义地说，是指素质教育必须面向全体人民，任何一名社会成员，均必须通过正规或非正规的途径接受一定时限、一定程度的基础教育。狭义地看，素质教育的"全体性"，是指为全体适龄儿童开放接受正规基础教育的大门。换言之，素质教育不要求也不允许对入学的儿童按照某种标准（例如种族、民族、性别、肤色、语言、社会和经济地位等差异）进行筛选。"全体性"是素质教育最本质的规定、最根本的要求，做不到这一点，就谈不上什么素质教育。为什么世界上绝大多数国家把素质教育与实施义务教育联系在一起，其原因就在于义务教育从立法上保证了教育机会的均等化与受教育权利的公平性。

坚持素质教育的"全体性"其主要定义在于：第一，保证使接受教育成为每一个人的权利和义务。接受教育是每一个儿童最重要、最根本的权利。第二，保证使整个民族的文化素养在最低可接受水平之上，杜绝新文盲的产生，中小学教育应为提高全体人民的基本素质服务，推进国家经济发展与民主建设。第三，为贯彻社会主义"机会均等"原则，为每个人的继续发展提供最公平的前提条件，素质教育的最终目标是为未来的合格公民奠定素养基础。

（二）基础性

所谓"基础性"是相对于专业（职业）性、定向性而言的。素质教育向儿童、青少年提供的是"基本素质"而不是职业素质或专业素质，是让学生拥有"一般学识"（general learning）而不是成为某一专门领域的"小专家"或某一劳动职业的"小行家"。

坚持素质教育的"基础性"其主要意义在于：第一，一个人只有具备了良好的基本素质，才有可能实现向较高层次的素质或专业素质的"迁移"。基础教育以发展和完善人的基本素质为宗旨，因而不少人指出基础教育的本质就是素质教育。第二，人类蕴含着极大的发展自由度，这就是人的可塑性。自由度越高，可塑性越强；反之亦然。教育是塑造、培育人的事业，如果在基础教育中充斥了定向的、专门化的训练，而不是着眼于把普通的基础打扎实，那就等于抑长趋短，将非特化功能倒退为特化功能，缩小了发展的自由度、窒息了人的可塑性。第三，从教育控制论的意义上讲，教育是一种人为的、优化的控制过程，以便受教育者能按照预定目标持续发展。但如果把基础教育局限于职业的、定向的训练，就会使本来应得到扩大发展的可能性空间过早地停滞、萎缩，这岂不是同教育（优化控制）一词的本义背道而驰吗？怎么能指望培养的学生善于应付社会繁杂多变的"不确定性"呢？

（三）发展性

所谓"发展性"是指要着眼于培养学生自我学习、自我教育、自我发展的知识与能力，真正把学生的重心转移到启迪心智、孕育潜力、增强后劲上来。这是强调培养能力、促进发展，是指在正确处理知识和能力之间的关系这一前提下而言的。知识与能力虽不是完全等同的东西，但是，如果学到的知识是"活化"的知识，是能够"投入运转的知识，是具有很强的生命力"的知识，那么，这种知识就能顺利地转化为能力，成为人的智慧的一部分。素质教育的"发展性"强调的是"学会如何学习、学会生存"。真正的教育是形成自我教育。而自我教育能力的直接动力是每个人的主观能动性。因此，素质教育倡导尊重、发挥和完善学生的主体性。它十分注意培养学生强烈的创造欲望、创造意识和创造能力。

从本质上说，"发展性"符合"变化导向教育观（change oriented education）"的趋势，即把适应变化、学会变化作为教育的重要目标，从接受教学（教师奉送答案）向"问题解决"（教师引发思考）转变。教师从一名鼓励者、促进者、沟通者、帮助者和咨询者等角色发挥作用。

（四）全面性

所谓"全面性"，是指素质教育既要实现功能性的目标，又要体现形成性的要求，通过实现全面发展教育，促进学生个体的最优发展。因为，素质教育应该是完善意义上的教育，它是指向全面基本素质的。

素质教育的根本目标是促进学生全面发展，应当指出，"全面发展"已经列入世界上许多国家（包括发达国家和发展中国家）的教育目标之中。但是，我们的任务是要在社会主义的素质教育中探索"全面发展"的具体规定性，我们认为，素质教育中的"全面发展"有两个方面的具体规定性。第一，针对一个个体来说，它是

"一般发展"和"特殊发展"的统一；第二，针对班级、学校乃至整个社会群体而言，它是"共同发展"和"差别发展"的协调。全面发展既要讲共同性，又要讲个别性，它决不排斥有重点地发展个人的特殊方面，允许在一个群体中各个体之间有差别地得到发展，全面发展决不能被理解为均匀发展和划一展。全面发展实际上就是"最优发展"。最优化不等于理想化，而是力求取得对具体条件来说是最大可能的最佳效果。只有这样，每个学生才能有信心根据他自己的特点找到发展的"突破口"或"生长点"，打破"千人一面"的格局。

全面发展是最优发展，也是个性的最优发展。"发展个性"是世界教育改革的共同趋势。最近我国心理学工作者提出了"从系统——结构观点来分析个性"的建议，强调应坚持马克思主义关于个性是社会实体的观点，从人的心理的整体上把握"个性"。因此，可将个性定义为"个体在社会化过程中所形成的心理动态系统"，以此来表明个性是一般性和个别性、动态性和稳定性的统一体，是社会化的产物，是社会关系的总和。

我们立足于教育学的基点，从实际出发，坚持素质教育的社会主义方向性，可认为"个性"是"社会主义公民基本品质和素养的总和在每一个学生身上不同的优化结构"。其特点为：①"个性"必须首先以社会主义公民基本品质和素养的总和为前提，它强调的是个性发展的共同性一面；②"个性"也是社会主义公民基本品质和素养的总的在每一个学生身上的不同结构。这种不同的结构是每一个学生个性发展的独特性一面，它是因材施教、个别对待的依据；③我们不仅要承认每个学生应该有不同的素质结构，同时还要使这个结构达到尽可能的合理化。优化结构，这是教育者应尽的责任。总之，把个性最优发展纳入素质教育的轨道，这是实现将年轻一代培养成为德智体等方面全面发展的社会主义事业的建设者和接班人的可靠保障。

（五）未来性

所谓"未来性"是指立足于未来社会的需要，而不是眼前的升学目标或就业需求。一般说来，教育具有较强的隋性和保守性，它总是在努力使年轻一代学会老一代的思维、生活和工作方式，因而人们在批评现代学校教育体系的局限性或弊端的时候，往往批评它是根据"昨天"的需要而设计的。素质教育就是要改变教育的惰性和保守性，它的目标是使年轻一代适应未来发展的需要。

基础教育是一个接受全面教育的基础阶段，一般含小学、初中、高中阶段的教育，指对年轻一代施以全面的素质教育，为他们未来做人和未来发展奠定基础的教育。我国基础教育属于社会主义性质，属于普通教育性质。一种属于义务教育，指小学、初中阶级的教育；另一种属于非义务教育，指高中阶段的教育，它是基础教育的最后阶级。

基础教育是国民素质教育的奠基工程，具有鲜明的基础性、相对稳定性，也具有一定的时代性。素质教育鲜明地体现了基础教育的本质属性和基本特征。素质教育是一种着眼于发展、着力于打基础的教育，其根本任务是为每一个学生今后的发展和成长奠定坚实而稳固的基础。这里的"基础"内涵十分丰富，包括思想品德素质、科学文化素质、身体心理素质、劳动技能素质、审美素质在内的广泛而全面的基础。人在步入社会之前所应具备的最基础的素质，都应在基础教育阶段打好。基础必须扎实坚固，使学生形成继续发展的坚实丰厚的生长点，这就鲜明地体现了基础教育的"基础性"。人的素质是一种"以先天禀赋为基础，在教育和环境影响下形成和发展起来的相对稳定的身心组织要素的总和"。而素质教育凭借着人类历史上积累起来的优秀文化成果来形成学生的全面素质，发展学生健康的个性，必然要求教育的目标、内容、方式等相对保持稳定。无疑素质教育鲜明地体现了基础教育的相对稳定性。人的素质既有相对稳定性，也有时代性。因而要求学校教育在保持相对稳定的基础上，根据时代发展和社会需要，适当吸纳最新科技、文化成果，调整、充实和完善教育目的、内容和方法，以适应现代社会和未来世界多方面的挑战。这就鲜明地体现了基础教育的"时代性。"因为素质教育较好地体现了基础教育的本质属性和基本特征，因此，一定意义上讲，素质教育是一种高层次的基础教育。

素质教育的全面实施，使基础教育返朴归真，重新成为真正意义上的基础教育。长期以来，基础教育在片面追求升学率的严重干扰下，已异化为"应试教育"。这种异化使基础教育的本质属性和基本特征逐步被扭曲，背离了教育教学的基本规律，在一定程度上破坏了教育、教学秩序和规范，导致了学生素质的片面发展或畸形发展。因此，基础教育由"应试教育"向素质教育的转移是历史赋予的重任。而转移的过程，实质上也就是基础教育回归自身、重新定位、寻求自身本质属性和基本特征的过程。

素质教育与全面发展教育的关系，归纳有三类观点：一种认为只有把全面发展落实到人的素质的全面提高上，只有把全面发展教育与素质教育联系起来，才会有真正意义的全面发展和全面发展教育。因此，可以说素质教育乃是全面发展教育的深化和具体化，是贯彻全面发展教育的必由之路。一种认为素质教育与以"五育"为核心的全面发展教育有千丝万缕的联系。有的甚至以此否定素质教育的提法，主张用全面发展教育为涵盖。一种认为素质教育与全面发展教育的关系是既有联系又有区别。我们同意第三类观点。具体分析如下：

素质教育与全面发展教育的关系：素质教育与全面发展教育具有一致性。全面发展教育就是要促进人的智力和体力充分自由地、生动活泼地、主动地发展，就是要促进人的各方面才能和兴趣、特长和谐统一地发展，同时包括人的道德水平、审美情操的发展。素质教育同样把教育工作的重点放在促进人的全面发展和综合素质的提高上，这二者所要达到的教育目的和人才培养目标在本质上是一致的，素质教育完善了全面发展教育。长期以来，在人们的心目中，全面发展就是德智体的全面发展，全面发展教育就是德育、智育、体育几方面的教育。并将它作为我国各级各类学校教育的指导思想。在其指导下，我国培养了大批人才，取得了举世瞩目的成绩，但就发展的观点看，它显然存在不足。因为它只指出了全面发展的几个主要方面，而没有明确界定全面发展的内涵和外延。而且，严格讲，德育、智育和体育都是促进受教育者全面发展的手段和途径。至于德、智、体，虽然是全面发展的内容，却缺少一个适当的定位概念来对它们的内涵加以概括。素质教育中的"素质"概念正好解决了这一问题。全面发展什么？全面发展人的德、智、体、美、劳等几方面的素质。可见，素质教育进一步完善了全面发展教育；素质教育深化了全面发展教育的内涵。根本途径就是实施全面发展教育。德育、智育和体育是促使受教育者获得全面发展的基本手段，也是提高受教育者素质的根本途径。作为全面发展教育或素质教育的途径，决不限于德育、智育、体育几个方面，随着社会的发展和进步，其途径也应有所发展。20世纪80年代以来，结合我国的具体实际，强调了美育和劳动技术教育。事实证明，这是完全必要的。然而，这并不意味着全面发展教育的途径就此止步。比如心理健康教育，按照世界卫生组织观点，"健康不仅是指没有疾病，而且是指身体上、心理上的完好状态"。这一观点在我国显然还未被大多数人所认同。这更说明了，用"素质教育"的概念能更准确地表达全面发展教育的内涵，素质教育进一步深化了全面发展教育的内涵；素质教育更强调个性发展的全面性和和谐性。素质教育不是选择教育，它虽然不反对英才教育，而且积极创造条件让所有可能成为英才者脱颖而出，但反对用英才传统标准来衡量所有的受教育者，它更强调在学生的已有发展水平和可能发展潜力的基础上，全面发展和提高学生的综合素质，使之得到全面和谐发展。马克思主义的全面教育重视人的个性发展，素质教育更强调在人的全面和谐发展过程中，要发展鲜明的个性，尊重学生的主体性和积极性。这是社会发展到现代化和国际化时对人的素质的更新更高的需要，同时也是个人一生的不断发展和完善的需要；素质教育指的是学校按国家对全体公民素质的要求，在基础教育阶段对青少年实施的教育。这种教育虽然也要求全面发展，不可偏废，但其全面发展的要求重在基础性，它是为以后的更高层次的全面发展奠定基础，并不要求在基础教育阶段发展的层次很高、发展很充分。再则是，素质教育一般是在基础教育阶段完成，而全面发展教育则不仅在基础教育阶段，而是贯串整个教育阶段一直到高等教育，都要进行全面发展教育。

八、与应试教育之比较：

所谓应试教育是指脱离社会发展和人的发展的实际需要，以应付升学考试为目的，违反教育教学规律的一种传统教育模式。以升学为中心的应试教育可以追溯到科举制度。从隋朝开始，封建统治者实行的"科举取仕"是中国选仕制度的一大改革。科举制度对于封建教育的发展，起了积极作用。这一制度为历代王朝所沿用，维持了一千三百年之久，也使教育逐渐成为科举的预备阶段和附庸，学校教育逐步被拉上应试、做官教育的轨道。时至今日，我国中小学教育仍未彻底摆脱这一轨道，在一定程度上，应试、升学仍然左右着当前学校的办学方向。

"应试教育"与素质教育的关系，当前有三类观点。

第一、"应试教育"与素质教育是对立的。有的认为，素质教育是针对以升学为唯一目标的应试教育而提出来的命题。应与应试教育是对立的。因而，"应试教育"与素质教育是两种完全不同的教育。

第二、不能说"应试教育"与素质教育是对立的。如有的认为，教育与社会是互相照应、相依发展的，"应试教育"与素质教育都是社会发展在不同阶段的产物；"应试教育"与"素质教育"，不能认为是对立的，肯定一个，否定一个。"应试教育也在提高人的素质"，"应试教育与素质教育是两种互相联系、互相渗透、层次不同的教育模式。应试教育是素质教育的低级阶段，素质教育是应试教育发展的必然结果"，"由应试教育到素质教育提'发展'、'迈进'比'转轨'更为合适"。

第三、素质教育与"应试教育"或"升学教育"部分对立，部分不对立。有的提出把升学教育分为片面追求升学率的升学教育和全面提高学生素质的升学教育，从而认为"升学教育与素质教育既对立，又不对立"。

我们认为，"应试教育"与素质教育是否对立，关键在于如何理解"应试教育"的涵义。《中国教育改革和发展纲要》第 7 条提出"应试教育"时，给"应试教育"四个字加上了引号，这就意味着不能简单地把整个教育从上到下都归结为应试教育，否则是不符合实际的。同时表明"应试教育"一词有其特定的涵义，"应试教育"一词是作为一个贬义词而提出的，凡"应试教育"都是单纯追求升学率的。而"素质教育"一词诞生在 20 世纪 80 年代后期，它正是针对"应试教育"而出现的，是对"应试教育"的直接反驳。由此我们认为，素质教育与"应试教育"是对立的。但这并不等于说全面否定我国过去的基础教育，事实上我国过去的基础教育取得了有目共睹的成就。"成就教育不是对我国现行教育的概括，而是对我国目前存在的单纯以应考为目的产生的教育弊端的概括。"应试教育是一个贬义词，但不能说我国过去的基础教育就纯粹是"应试教育"。

"应试教育"也培养一些素质。应试素质也是素质整体的一部分，但不能以此认为"应试教育"与素质教育是包含与被包含的关系。看待"应试教育"与素质教育的着眼点，不是某些应试教育内容本身而是整个的办学指导思想。"应试教育"关心的是如何考高分，关心的是应试能力，它不关心其他能力甚至排斥其他能力，也不关心应试能力的社会应用。它只知道工具的、功利的目的而不知道本体的、内在的目的。而素质教育是有灵魂的，它关注内在目的，它作为一个整体是不能割裂的，它不仅关注素质，而且关注对素质的驾驭。因此，虽然应试素质可以构成素质整体的一部分，但"应试教育"与素质教育却是对立的，这正如同片面与全面是对立的。

摒弃"应试教育"决不是要摒弃考试。相反，素质教育更重视考试，更重视改进考试和完善教育评价制度。我们否定"应试教育"，反对片面追求升学率，并不等于反对升学率高的示范学校。升学率高本身并不是一件坏事。升学率高的学校，不一定完全实施素质教育，其真正的综合教育质量，可能高，也可能一般。而实施素质教育的学校，升学率一般并不比同类可比性学校低。素质教育并不是要求或鼓励不及格，相反，实施素质教育必将硕果累累，高升学率仅是其中之一。

第三节　新时代教育特征

新时代教育在各个领域都表现出了不断创新与发展，表现出一些前所未有的新气象、新特征。

新特征之一：以教育对象为中心

为什么好的教育要以教育对象为中心？因为教育目的是否达成，是以教育对象的改变来衡量的，而不是以教师教了什么、做了什么来衡量的。以教育对象为主体，才能找得到靶心，知易行难。

现在中国的教育问题很多，大至教育方针、小至创新教育的方法、模式等等，面对那些问题就需要批判性思维，大家也在努力使学生具有批判性思维。但是，恐怕首先需要教师具有批判性思维，要能包容不同思想乃至异质思维。

批判性思维的关键是什么？一般性认为，第一是理性。因为批判一定要基于理性；第二就是公开运用自己的理性。因为即使自己本来具有批判性思维，如果不公开运用，慢慢也会退化的，久而久之，也就没有了。

长期以来，各地都在持续不断的进行教育改革，教育改革从来没有停止过。都以进行过多种形式的教育改革，如课程体系的改革、课程内容改革、教学方式的改革等等，都是有意义的。但大家还是感觉到效果有限，为什么？哲学家卡尔·雅斯贝斯说过："今天，单个的教师比以往任何时候都更是一个自我牺牲的人。但是，由于缺乏一个整体的支撑，实际上仍是软弱无力的。而且，具有实质内容的教育，正在瓦解而变成无休止的教学法实验，一种尝试迅速地为另一种尝试所取代，教育的内容、目标和方法不时地被改变。"

的确，现实教育活动当中，很多教师非常富有牺牲精神，做了很多的改革。但是，这些改革往往是失去灵魂的改革。比如，把原来的课程体系改变一点，增加一门课或减少一门课，课程内容增加一点或减少一点等。这些东西有意义，但并不会真正触及深层次灵魂的改革，教育改革不能仅仅停留在"术"上。

孔子讲"君子不器"，是不是可以从两方面来讲，一个是"君子不器己"，还有一个是"君子不器人"。你不要把自己当成工具，也不要把别人当成工具。作为教师，不能把自己仅仅看成是教书的工具，另一方面，不能把学生培养成工具。真正从人的意义上理解教育，就应该强调人的自由发展，而不能只是希望学生"听话"，成为某种工具。

哈佛校长《福斯特》有一句话说得非常好："大学的本质是对过去和未来负有独一无二的责任——而不是完全或哪怕是主要对当下负责。"这句话像是对所有的教师说的，因为现在中国的教育基本上是面对当下的。丘成桐有一句话引起了人们的注意："大学应该有自己的独立见解，引领社会，而不应该在政府、企业或传媒的驱使下迷失方向。"当然，此话说得可能有点激烈，但是大学的确一方面需要服务社会，另一方面更需要引领。因为，一个国家的大学如果不能够做到引领，那对国家和社会的进步显然是不利的。大学应该服务社会，但不应该仅仅是社会的风向标，而更应该是社会的发动机，尤其是一流大学。大学不应该仅仅引领科技的发展，更应该引领社会思想和文化的进步，这同样是非常重要的。在这方面，引领表现在开放性和批判性上，开放主要表现在对不同思想乃至异质思维的包容。某些异质思维在未来会被证明是正确的，当年的"实践是检验真理的唯一标准"、"社会主义市场经济"等不就是异质思维？

教育应该以学生为中心。实际上，现在的大学都还是以教师为中心的。因为在大多数学校里都是教师教什么，学生学什么，这显然有问题。"以学生为中心的教育"不是放任对学生，对教师而言，这种理念还体现一种人文情怀。真正的以学生为本，甚至应该从深层次、从哲学的高度，从自由存在的意义上，从对生命的敬畏、对生命意义的尊重上去理解。

以学生为中心，那教育到底靠谁来支撑？肯定主要是靠教育工作者来办教育，而不是说靠学生来办教育。在教育活动中，教师的作用是主导，学生是主体。主导不是包办和包揽，如何"导"是关键。又有人会说，可不可以两个中心？即教师和学生都是中心？教育的中心是指作为教育者的教师在考虑教育活动的出发点。对于教师而言，教育的中心显然应该是学生。可以讲教师是办学的中心，但不是教育活动的中心。此外，都是中心，会助长教师在一种过度"有我"的语境中去思考问题。其实，教师应该更多地在一种"无我"的语境中去思考教育问题，把学生看成教育活动中第一位的存在。

哲学家马丁·布伯把关系分为两种：一种是"我与你"，一种是"我与它"。他提倡的关系是"我与你"。他讲"我与它"，我带着我的预期和目的与另外一个对象建立关系，这就是"我与它"的关系。反之，我不带有预期和目的，我把对方看作是跟我一样的主体存在，这就是"我与你"的关系。布伯提到，很多理想主义者极力推崇自己的理想的时候，不过是把其他人和整个社会当成了自己实现美好目标的对象和工具。专制乃至大屠杀很容易在理想主义的幌子下出现，希特勒就是一个很好的例子。

谈到教育时，布伯说：教育的目的不是告诉后人会存在什么或者必然会存在什么，而是告诉他们如何让精神充盈人生。真正的教师与学生的关系，正是这种"我与你"关系的一种表现，也就是说，把学生视为伙伴而与之相遇，根据对方的一切因素来体会这种关系。我觉着这是教师理解师生关系最重要的一点。

有一位爷爷很爱自己的小孙女，可好几次逗她玩时，小孙女都对爷爷发脾气。有一次，在她很平静时这位爷爷问孙女，爷爷这么爱你，喜欢你，你为什么发脾气？她说，爷爷有时候很好，有时候有点"矫情"。后来这位爷爷体会到，她烦他，是因为逗她时的方式不恰当，不试图去理解她这个小孩子的存在，只把她当成了表达爱的工具。有时候，老师会说"我们也是为学生好啊"。但是我们更多地应该想想，我们真的当把学生当成和我们一样的实体存在，真正把他们当作伙伴关系了吗？

新特征之二：符合教育目标的全面内容

为什么好的教育要有符合教育目标的全面内容？因为教育目标的达成是不同内容全面作用的结果，缺一不可。如，成功的教育需要硬技能＋软素质相互配合，个体人不是机器，技能要与软素质里面人格素养等要素一同作用才能达到全面的教育目的。我们需要能力上的，也需要自我认知、立志，否则定位迷茫，就会无力，敷衍，效率低下，中国目前面临的状况十分严峻。

教学中的素质教育的目标与内容，小学阶段的素质教育，应以促进小学生基本素质的全面发展为主要目标。基本素质包括思想品德素质、科学文化素质、身体心理素质及劳动技术素质。同时也应注意发展小学生的个性素质（包括小学生的良好个性心理品质、个性特长和个性潜能）。小学阶段的素质教育目标，可简要描述为："基本素质＋个性素质"。作为单项学科领域小学数学素质教育目标，还应是《九年义务教育全日制小学数学教学大纲》所规定的教学目的和要求。《大纲》的"前言"部分开宗明义：掌握一定的数学基础知识和基本技能，是我国公民应具备的文化素质之一。……从小给学生打好数学的初步基础，发展思维能力，培养学习数学兴趣，养成良好的学习习惯，对于贯彻德、智、体全面发展的教育方针，培养有理想、有道德、有文化、有纪律的社会主义公民，提高全民族的素质，具有十分重要的意义。"以提高公民素质为学科教学的总目标。在"教学目的和要求"部分提出了包括知识、能力、思想品德教育的目标结构。在"各年级的教学内容和教学要求"部分又对上述目标结构中的各子项分年级、分单元提出了层次分明、具体的要求，形成了小学数学学科教学的三级目标体系。小学数学素质教育的内容，人们认为这是一个包括智力素质和非智力素质教育的系统结构。智力素质是指感知、思维、概括、识记等方面，属于人的认识活动范畴，它是观察力、注意力、记忆力、想象力、思维力等要素的有机组合，其智力素质主要包括：

（1）知识素质。

我国已实施九年义务教育，作为一个公民，对于数学中最基础的知识，如小学数学中的整数、小数、分数、百分数以及一些计量、统计知识、几何形体知识，都是日常生活和社会实践中要经常用的知识，必须理解和掌握。在教学中，通过教师的启发和引导，面向全体学生，让他们积极动手、动脑思维，形成一个系统化、网络化的知识结构，内化为学生的知识素质。

（2）技能素质。

为了人类的生存与社会的发展，无论对个人的生活还是对国家的贡献，每个人都应该具备一定的技能素质。小学数学中的计算技能（包括口算、笔算、运用工具计算等），学生通过学习解决在日常生活和社会实践中的实际问题，形成一定的计算技能技巧，这样既提高学生运用知识解决实际问题的能力，又增强了自身的技能素质。

（3）能力素质。

数学能力是智力素质的核心内容。小学阶段学生的数学能力是由运算能力、初步的逻辑思维能力、空间观念、数学思考方法以及运用数学知识解决实际问题的能力组成的。能力的核心是思维，人的素质水平的高低，除与知识水平相关外，还与它的思维能力有很大关系。因此，小学数学教学不仅是传授知识，还应引导学生参与学习过程，激发学生积极思维，提高思维能力，这也是实施素质教育的重要方面。非智力素质是指兴趣、情感、意志等，属于人的意向活动范畴，非智力素质主要包括：

①情感素质。

教学是教师与学生的双边活动，是以学生的心理活动为基础的认识活动。教学过程既是学生认知发展的过程，也是师生情感交流的过程，优化数学教学过程，师生应该具备良好的数学情感素质。数学的情感素质包括学习数学的态度、兴趣、不怕困难攻克数学疑难问题的顽强学习意志，勇于进取，敢于竞争的学习精神。小学数学实施素质教育在此具有得天独厚的条件，可以大有作为。

②思想素质。

挖掘教材中蕴含着的思想教育因素，进行爱国主义教育，激发学生的民族自尊心、自豪感。注意辩证唯物主义的启蒙教育，培养学生实践第一、对立统一、运动发展等观点，养成科学的学习态度；结合数学教学对学生进行严格要求的训练，培养学生良好的学习习惯。上述内容都是对小学生进行思想素质教育的重要方面。小学数学素质教育中的智力素质与非智力素质应该同步培养、和谐发展，要摒弃"应试教育"中只注重知识教育、坚持分数标准的人才观。一个人在社会上生活，到底智力素质和非智力素质各起多大作用，这是一个值得思考的问题。应该明确非智力素质也是教育的对象。小学数学教学实践中，注意到了对小学生非智力因素的培养，在实施素质教育的进程中，更应给予高度重视。

新特征之三：多点燃而非管制（即由内向外而非由外向内）

为什么好的教育要"多点燃而非管制"？管制是外力，没有解决内力的问题，外力一失去，便没有了动力，谁不可能陪伴一个教育对象一辈子，时时刻刻看着他，只有点燃才能有生命力。

中国儒家文化崇尚的"仁、义、礼、智、信"决定了中国人中庸内敛、不喜张扬的性格特点，也使得国人被贴上"内向"的标签。相比崇尚自由的美国，他们热情奔放、思想活跃，和国人形成鲜明对比，美国人成为公认的外向性格的典型代表。

从小学到常春藤名校，从华尔街到世界500强，似乎在美国都是外向人在主导。同时美国又是超级大国，经济、科技、军事、教育各个领域都处于世界领先位置。因此，我们主动或潜移默化地吸收了这个国家的价值观，认为优秀人的标准就是善于交际、谈笑风生。因此我们向往成为美国人那样有活力的外向人。

当今社会，"内向"俨然已经成了一个贬义词，内向仿佛成了性格缺陷，内向、外向成为了界定好坏的标准。可是，性格真的有好坏之分吗？

外向＝优秀，这是美式教育对中国家庭的最大误导。

实证列举，"XXX同学比较胆小不爱说话，课堂上如果可以积极发言，成绩一定会有所进步。"相信很多性格腼腆的学生家长都有过相似经历，在家长会上被班主任点名"教育"。相信绝大多数家长和老师是认可的。甚至内向的学生也会对自己产生质疑，认为自己是差生而自卑。众口铄金，积毁销骨，"优秀的学生都应该是外向的"价值观已根深蒂固地植入中国家庭的教育观念里。

在教育领域，越来越多的中国新型学校模仿美国，把桌椅摆成椭圆形，宣称这样学生可以更好地自主学习，彼此相互引导、相互启发，能更好地培养小组能力；施行小班教学，认为每个学生都将获得更多的个人关注和彰显个性的机会。没错，对于那些善于表达的学生来说，这会是一个释放光彩的能量场，但对于害羞或不善言辞的学生就很不适合。

据研究资料显示，亚裔人群和欧裔人群的信息处理方式存在着根本的不同。两者在参与解决同一个问题的时候，前者在安静的环境下表现理想，而后者更喜欢有声地解决问题，比如讨论和讲述。强迫亚裔学生用另外一种方式解决问题，实为强人所难。

美式教育对我们的最大误导是它让我们相信"外向＞内向"，而中国的教育似乎也正在向美国看齐，但这是危险的。内向不是问题，也不是弱点。如果我们的家长盲目推崇美式教育，被外向会让孩子更优秀的价值观所绑架，那么内向孩子的价值将被严重低估，潜能将被严重忽略。

如果你的孩子是内敛的，你不应该期望她成为麦当娜或风云华尔街，但要相信她可以成为下一个 J.K. 罗琳。

那么问题来了，既然中西方学生的思维模式存在着根本不同，那内敛腼腆的孩子适合到钟爱外向学生的美国留学吗？性格内向的人出国留学一样可以大放异彩。

我们不能简单给孩子贴上一个"内向"或者"外向"的标签，认为"内向"的人就不适合出国。说白了，"内向"和"外向"的人只是沟通方式有区别，"外向"的人可能说话都是脱口而出，而"内向"的人可能表达欲望相对没有那么强烈，但无论内向还是外向，对出国留学并不构成障碍。不过，有一点是确定的，相较于外向的孩子，内向的孩子适应一个新的环境肯定要花更长的时间，所以对内向的孩子我们要更有耐心。

而且到了国外，有些好的学校会有非常好的督导，他们会在孩子刚刚进入新群体时给予很多帮助，帮他打开心扉去接纳这个环境，所以学生一般是能很快融入的。需要特别提出来的是，内向的学生在选择专业时要好好考虑，他们可能不太适合从事需要高频地去接触不同人的工作，更适合做一些研究类的工作。中国诺贝尔奖获得者莫言和屠呦呦都是为人低调、性格内向的人，但都凭借在各自领域的卓越成绩在国际舞台上崭露头角，成为耀眼的巨星。有人如此形容 Facebook 的创始人马克："他既害羞又内向，对於不认识他的人来说，他可能不是位暖男，但其实他是。"就是这么一个腼腆之人，创造了市值超过 3000 亿美元的社交网站。所以内向的人找到自己擅长的领域一样可以大放异彩。

另有数据显示，美国至少有 30% 美国人也是内向的。外向的美国学生，看似创造了课堂的活跃，但是实际上拥有真正内涵思想的不多；内向的中国学生，看似沉闷，但往往一语惊人，当然也存在着不思考的中国学生。事实上，美国的教育研究者自己也开始反思这个问题。美国教育的自我反思——将更多注意力转向内向者。

《安静：内向性格的竞争力》的作者 Susan .Cain 在她的 TED 演讲中说道，内向者"在较为安静的、低调的环境里感觉最有活力、最能够马力全开，同时也是最能展现自己能力的时候。"这一说法也得到了证实。一位就职加州公立高中的老师表示，他自己所在高中的学生经常要求延长默读的时间。一些学生更喜欢关掉教室里的日光灯，在窗外投进教室的柔和阳光下阅读。一些学生更享受在安静的房间里学习的时光，希望在允许的范围内多多延长这样的时间。

如果说上述只是笼统的观察，来自"灰熊青年学院"的两个高中生，他们则直白坦率地说出他们需要安静的、独自一人的学习环境。

这两名学生都骄傲地说起他们在灰熊青年学院取得的好成绩。当被问及是什么帮助他们获得今天的成绩，其中一个学生说："我在这里可以集中精力。"意识到自己很容易分心的事实，她在之前的公立学校从未获得过片刻的安宁，而现在她非常享受有秩序的课堂和安静的学习时间。"我现在简直就像变了一个人一样。"另一个学生也给出了类似的回答："在这所特殊学校，学习氛围更集中，而在公立学校的时候则很吵闹。我有多动症所以我很容易分心。"他随后说，"我的成绩从未像现在这样好过，在这里我可以集中心思学习。"

新特征之四：多方面同方向的发挥影响力

为什么好的教育要施加多方面、同方向的影响？教育是一种影响，影响教育对象的方式绝对不仅仅是上课，老师的言传身教，同学们的相互影响，校园环境的影响都非常重要，多方面比单方面影响要更有力。这些力量不能相互矛盾，那将抵消相互的影响，造成浪费等各种损失。加强对未成年人的礼仪教育培养学生文明素养。

中国古代的礼仪教育主要是指人们在社会交往活动中把表示尊重、敬意、友好而遵循的行为规范和准则传授给弟子的活动。其内容具体表现为仪表仪态、言语交谈、行为表现等三个方面，对今天中小学文明礼仪教育具有重要借鉴价值。 因此，可编写富有传承着传统文化、富有地域特点、富有时代特征的乡土文明礼仪系列教材。根据学生年龄段特点分为小学低年级版、小学高年级版、中学版、教师版四个版本的"礼仪与文明"系列教材。教材要以"贴近实际、贴近生活、贴近学生"、"根据学生的年龄特征，结合学生的生活实际，科学规划教育内容，使各阶段教育内容互相衔接、循序渐进，改进教育教学方法，寓教于乐，增强文明礼仪教育的针对性和实效性"。

将文明礼仪教育列入德育课程计划。教师应主动学习相关知识的培训工作。在课程设置上小学、初中、高中每周安排课时，进行课堂教学。推行文明礼仪教育"进课堂"工程。让学生了解和掌握与自己日常生活和学习密切相关的校园礼仪、家庭礼仪和社会礼仪等方面的知识，让每个学生都广泛参与到主题宣传教育实践活动中来，在参与体验中成为文明礼仪的宣传者、实践者、示范者，通过开展师生校园礼仪风采展示、征文和演讲比赛，讲身边发生的礼仪故事、争创文明礼仪使者等活动，展现师生员工在文明礼仪宣传教育实践活动中的阶段性成果。

在学校日常管理强化学生文明礼仪意识实施过程中，学校要根据《中小学生守则》、《小学生日常行为规范（修订）》和《中学生日常行为规范（修订）》的要求，结合学校日常管理，引导学生从身边小事做起，注重文明礼仪，养成良好行为习惯。这里所说的"日常管理"主要包括行政管理、教学管理、后勤管理、德育管理、学生管理、教师管理、生活管理等各个环节，使文明礼仪教育常态化和规范化。这里所说的"强化"，是要求提高高度、加强力度、增加亮度、落实效度。

有效整合社会资源，创新载体，结合公益劳动、社区服务、志愿服务等社会实践活动，充分利用文化馆、纪念馆、博物馆、福利院、旅游景点、部队营地等场所开展文明礼仪教育。强调使学生在实践中感受文明礼仪，践行文明礼仪。通过校外实践活动来弥补校园实践活动的不足，开阔视野，加大力度，帮助学生完成对文明礼仪教育知识的体验和转化过程。通过学生形成劝导，影响家庭和社会成员提升素质。

加强对家长的教育。孩子的文明观、道德观是看会的，不是听会的。父母希望孩子未来什么样，首先取决于自己今天什么样。通过家长学校、校讯通平台教育家长要从自身做起，从小事做起，从现在做起，通过言传身教，培养和强化孩子的文明习惯和素养，使文明的风尚和文明的氛围，始终洋溢在家庭里、街道上、社区中，让我们共同以良好的形象、文明的言行、为创建文明城市做出自己的贡献。

在小学阶段开展"小手拉大手，共创文明城"的系列活动，通过学生带动家长，带动社区，说文明话，做文明事，争做道德公民，形成长效机制。开展形式多样、内容丰富的活动。譬如"小手拉大手 文明安全行"，"小手拉大手 礼仪我先行"，"小手拉大手 共唱环保歌"，"小手拉大手 同读一本书"，"小手拉大手 文明一起走"等内容为主题的教育活动，举办征文、演讲比赛，组织签名活动，征集一批文明格言，组织文明事迹征集活动，把"小手拉大手，共创文明城"教育实践活动引向深入。开展"小手拉大手，共创文明城"道德实践活动，更重要的意义还在于通过娃娃们的道德实践影响着周围的成人，自始至终参与监督成人的道德成长，相互影响，共同提高，实现引导一代人、教育两代人、影响三代人，从而促进全社会道德水平的提高。

在学生群体中组建文明礼仪宣讲团、文明礼仪志愿者等队伍，深入社区、车站等地方开展文明礼仪宣传、文明行为劝诫、环境卫生整治、文明服务行动等活动，促进文明礼仪教育"进社区"行动；利用校讯通、校园网、手机短信、家长会等方式密切家校联系，广泛开展给家长的一封信、书香文明家庭评选、亲子教育等活动，普及文明礼仪教育"进家庭"活动。起到"一个学生带动一个家庭、一个家庭辐射一个楼院、一个楼院影响一个社区"的作用。

在初中和高中广泛开展"志愿者"服务工作。通过学生带动家长，开展亲子志愿服务工作，传播志愿服务理念，大力弘扬志愿精神，让"只要自愿，有仁爱之心，有助人之愿，有余时之力，人人都可以做义工"的观念深入人心，特别是引导广大家长积极参与各项志愿服务道德实践活动，养成文明习惯，"存好心 做好事 当好人"，着眼于扶危济困的志愿服务活动中，组织开展送温暖、献爱心活动，大力弘扬我国扶危济困、助人为乐的传统美德。组织学生及家长参加科技、文体、法律、卫生、社会治安、保护生态环境等志愿服务，为普及科学知识、传播先进文化、营造和谐环境服务。还要在着眼于大型社会活动顺利进行的志愿服务中，开展公共秩序和赛会保障等志愿服务活动，动员学生及家长志愿者到公共场所、道路交通和赛会场馆等重点区域，宣传文明行为规范，努力创造规范有序的社会公共秩序，为大型社会活动的顺利进行提供保障。通过动员一个学生，带动一个家庭，形成"人人齐出力，家家共参与"的良好局面。

办好家长学校，配备并培训专职家庭教育教师，落实编制，扎扎实实办好家长学校。

强调重视和加强研究，为文明礼仪教育提供科学指导。要把中小学文明礼仪教育研究纳入教育科学课题研究，学校要积极组织申报相关的文明礼仪教育理论研究、政策研究、实验研究、案例研究等研究课题，提高文明礼仪教育的研究水平，为深入开展文明礼仪教育提供科学依据，使中小学文明礼仪教育工作从经验型发展转入科学发展的轨道。

参考文献：

1. 柳海民著，《教育原理》东北师范大学出版社，2012 年版。

2. 曲程等译，《教育学的理论问题》 教育科学出版社，1998 年版。

3. 叶澜，《教育概论》人民教育出版社， 1991 年版。

4. 孙喜亭，《教育原理》北京师范大学出版社，1993 年版。

5. 陈桂生，《教育学原理》华东师范大学出版社，1993 年版。

6. 石佩臣主编，《教育学基础理论》东北师范大学出版社，1996 年版。

7. 金一鸣，《教育原理》安徽教育出版社，1995 年版。

8. 国家教育发展研究中心编，《发达国家教育改革的动向和趋势》1-5 集，
人民教育出版社，20006 年版。

9. 黄济主编，《现代教育论》人民教育出版社，1996 年版。

10. 周谷平，《近代西方教育理论在中国的传播》，广东教育出版社，1996 年版。

11. 陆有铨译，《西方当代教育理论》文化教育出版社，1984 年版。

12. 钟启泉著，《现代教育学基础》上海教育出版社，1987 年版。

13. 张兆山主编《教育学原理》辽宁师范大学出版社，2003 年版。

14. 朱永新著《新教育》文化艺术出版社 2012 年版。

15. 【美】内尔.诺丁思著,于天龙译《学会关心》教育科学出版社,2014 年版。

16. 于漪，《教育魅力》华东师大出版社 2014 年版。

17. 袁振国著，《教育新理念》教育科学出版社 2011 年版。

18. 单中惠主编《西方教育思想史》教育科学出版社 2007 年版。

19. 石中英主编 《教育哲学》北京师范大学出版社 2008 年版。

20. 叶澜、杨小微主编《教育学原理》人民教育出版社 2009 年版。

21. 《素质教育》期刊，中国人民大学主办，人民大学出版社出版。

22. 施良方 著 《课程理论》 教育科学出版社，2009 年版。

23. 程正芳 编著《现代管理心理学》北京师范大学出版社，2004 年 7 月版。

24. 厉以贤 主编《现代教育原理》北京师范大学出版社，1998 年版。

25. 陈孝彬 主编 《教育管理学》北京师范大学出版社，2004 年版。

26. 路海东 主编《教育心理学》东北师范大学出版社，2005 年版。

27. 【苏】B.A.苏霍姆林斯基 著 赵玮等译《帕夫雷什中学》教育科学出版社，

2012 年版。

28. 郝文武 著《教育哲学》人民教育出版社，2007 年版。

29. 方明 编《陶行知》教育科学出版社 2012 年版。

图书在版编目（CIP）数据

教师与教育：教师是一门专业 / 宁吉海著． -- 长春：吉林文史出版社，2021.7

ISBN 978-7-5472-7908-3

Ⅰ．①教… Ⅱ．①宁… Ⅲ．①教师－研究 Ⅳ．①G451

中国版本图书馆 CIP 数据核字（2021）第 146019 号

教师与教育—— 教师是一门专业

作　　者	宁吉海
出 版 人	张　强
责任编辑	王俊勇
装帧设计	杨　哲
出版发行	吉林文史出版社
地　　址	长春市福祉大路 5788 号
印　　刷	吉林省优视印务有限公司
开　　本	787mm×1092mm　　1/16
印　　张	11.25
字　　数	140 千
版　　次	2021 年 7 月第 1 版
印　　次	2021 年 7 月第 1 次印刷
书　　号	ISBN 978-7-5472-7908-3
定　　价	48.00 元